ROSA BAROCIO

DISCIPLINA CON AMOR

Cómo poner límites sin ahogarse en la culpa

EDITORIAL
PAX MÉXICO

EL LIBRO MUERE CUANDO LO FOTOCOPIAN

COORDINACIÓN EDITORIAL: Matilde Schoenfeld
PORTADA: Víctor M. Santos Gally

© 2004   Rosa Barocio
© 2004   Editorial Pax México, Librería Carlos Cesarman, S.A.
           Av. Cuauhtémoc 1430
           Col. Santa Cruz Atoyac
           México, D.F. 03310
           Teléfono: 5605 7677
           Fax: 5605 7600
           editorialpax@editorialpax.com
           www.editorialpax.com

Primera edición en esta editorial
ISBN 978-968-860-732-9
Reservados todos los derechos
Impreso en México / *Printed in Mexico*

A Victor, mi esposo
por su apoyo incondicional

A mis hijos Gabriel y Mauricio
de quienes sigo aprendiendo

A todos los padres, maestros y amigos
que me han compartido sus experiencias

¡Muchas gracias!

Reflexiones para el educador

Cómo proteger sin acobardar

   Cómo sostener sin asfixiar

      Cómo ayudar sin invalidar

         Cómo estar presentes sin imponer

            Cómo corregir sin desalentar

               Cómo guiar sin controlar

                  Cómo amar y dejar en libertad

Índice

Introducción

El mejor cumplido a mi trabajo lo recibí de un niño de la ciudad de Cancún. Estaba con un compañero de clases al que había invitado a comer, cuando le llegó a su madre un fax de mis talleres. "¿De quién es este fax?", le preguntó a su madre. "Es sobre los talleres de disciplina a los que asistí el mes pasado". El niño se volteó y le preguntó a su amigo: "Oye, ¿Tu mamá ya tomó esos cursos?" Cuando le contestó que no, le dijo: "Dile que los tome, te conviene, te tratan mejor".

Por esta razón escribo. Si puedo contribuir a que tratemos mejor a nuestros hijos, alumnos o aquellos niños con los que entremos en contacto, mi esfuerzo bien ha valido la pena. Vivimos una época muy interesante, pero difícil. Tenemos acceso a tanta información que el sentido común ha quedado relegado, olvidado, a tal grado que, incluso, nos cuesta trabajo resolver cuestiones muy sencillas. Sobre todo en relación con nuestros hijos. ¿Por qué? Porque todo se complica cuando nos dejamos invadir por el temor a equivocarnos y a lastimar, a ser anticuados, autoritarios, a no ser queridos, a ser criticados...

Nuestros padres y abuelos la tenían más fácil. "¿Puedo ir a la fiesta?" "No". "Por qué no?" "Porque no". Ahí acababa el asunto. Dormían tranquilos, no se quebraban la cabeza, ni cargaban un costal de culpas. Ellos estaban en contacto con su sentido común, aunque, debemos decirlo, la reflexión sobre la educación no era parte de su vida. Todo era más sencillo, pero los hijos no tenían derecho a expresarse, a defenderse ni a contradecir a los mayores por injustos que fueran.

Los padres de familia actuales están viviendo algo distinto y la tentación de encontrar un libro que les ofrezca la solución para resolver los problemas que enfrentan con sus hijos puede ser muy atractiva. Sí, encontrar la fórmula que les resuelva el complejo problema de educar. "¡Olvídense de los detalles, vayan al grano y díganme cómo! ¡Explíquenme qué debo hacer con este muchacho y ya!" Como si educar pudiera ser una simple receta de cocina.

Es cierto que las recetas de cocina son maravillosas. Nos garantizan el éxito si seguimos cuidadosamente los pasos enlistados. Sólo es cuestión de comprar los ingredientes y seguir las instrucciones del "modo de preparar" al pie de la letra. Un inexperto con un buen recetario puede preparar una buena comida.

¡Cómo quisiéramos hacer eso con nuestros hijos! Comprar el "recetario para el niño ideal". Pero como en gustos se rompen géneros, tendría un índice largo para poder escoger el tipo de niño que deseamos. Cada pareja de padres podría elegir una receta de acuerdo con el tipo de hijo que quisiera. Por ejemplo, ésta podría ser una opción:

Receta para niño "Terror del barrio"

Ingredientes:

Niño fresco y tierno, de preferencia menor de 3 años.
Padre o madre de temperamento colérico.
Escuela autoritaria y represiva, o sin disciplina.
T.V., nintendo y juegos de video agresivos.
(Opcional) Clases de defensa personal.

Modo de educar

A un niño como éste es importante educarlo con mano dura. Es necesario explicarle desde pequeño que el mundo es de los fuertes. En ningún momento se le deben permitir demostraciones de debilidad o flaqueza, y debe saber que el llanto sólo es permitido a las mujeres. Deberá fomentársele todo tipo de competencias y hacerle saber que lo importante es ganar y que el fin justifica los medios. Los padres deberán aprovechar toda situación cotidiana para enseñarle a defenderse: un mal modo de algún dependiente, un incidente automovilístico, son oportunidades invaluables para enseñarle a intimidar a otros.

Es importante que desde pequeño se sienta el vencedor en riñas callejeras y escolares, por lo que, si es necesario, el padre o la madre podrán intervenir para asegurar la victoria. Si hay quejas del colegio o de los vecinos por su agresividad, siempre defiéndalo diciendo que seguramente fue provocado y que él no tiene la culpa de ser tan fuerte y valiente. Asegúrese de que su hijo lo escucha y siente su apoyo incondicional. Explíquele después que los niños como él tienden a despertar envidias y enséñele a culpar siempre a los demás. No se sorprenda cuando dejen de invitarlo a las fiestas infantiles; su hijo seguramente es demasiado maduro para ellas. Si es necesario cambiarlo de escuela, véalo como motivo de orgullo, pues es demostración de su creciente poder.

Es indispensable que vea, en un mínimo de tres horas diarias, programas o caricaturas violentos. Recomendamos especialmente las japonesas y que las vea antes de dormir, para que las imágenes penetren mejor en su subconsciente. No se desanime si tiene pesadillas y no puede dormir. Con el tiempo se acostumbrará y dejarán de impresionarlo. Nunca lo retire de la habitación cuando vea con usted programas de adulto en la televisión, pues esto ayudará a endurecerlo. Cuando sea posible acompáñelo al cine, especialmente si es después de las diez de la noche y la película es de clasificación C. El niño deberá acostumbrarse a todo. Observará que cada vez necesitará que las películas aumenten en violencia; ello es parte normal del proceso para insensibilizarlo al dolor de los demás.

Cuando se divierta con juegos de video, anímelo: "¡Muy bien, hijo, ya mataste a cinco, sólo te faltan dos!" Cómprele todos los disfraces de guerreros y asegúrese de que juegue a diario con pistolas, ametralladoras y demás juguetes bélicos. Tapice las paredes de su recámara con carteles de monstruos y héroes de batallas, prefiriendo siempre los de colores oscuros y fosforescentes.

Apodos como *Atila*, *El garras*, o *Destroyer*, pueden ayudarlo a identificarse con su temeridad. Pronúncielos con énfasis y con mucho orgullo.

Contraindicaciones: Niños como éste pueden convertirse, de adultos, en psicópatas, asesinos o golpeadores de mujeres.

Pero si el niño "Terror de barrio" no es de su agrado, podría escoger entre muchas otras opciones.

Las recetas para:

Niño/a: "Osito de peluche":	simpático, cariñoso y complaciente.
Niño/a: "Cascabelito social":	graciosa, platicadora y siempre alegre.
Niño/a: *"Nerd"*:	muy estudioso, inteligente, beca garantizada.

Nos puede parecer gracioso, pero cuántas veces no pensamos que educar es eso: aplicar una receta a un "producto", como llaman los doctores al niño antes de nacer. El problema surge cuando nos damos cuenta de que ese "producto" es único, diferente en cada caso y que por eso no debemos sorprendernos de que cada hijo resulte distinto aunque lo hayamos cocinado, según nosotros, con la misma receta.

Pero no hay recetas para educar, aunque hay autores que nos quieren vender esta ilusión. Si las hubiera, eliminarían una parte muy importante de nuestras vidas: poder crecer a través de una relación inteligente con nuestros hijos. A veces como padres pensamos que tenemos hijos porque tenemos tanto que darles, y no nos damos cuenta de que tenemos hijos para aprender juntos.

Nuestros hijos tienen mucho que aportarnos, siempre y cuando estemos abiertos a recibirlo. Un día, al llegar del trabajo, me preguntó uno de mis hijos cómo estaba, y le dije: "Cansada". Me contestó: "Claro, tú siempre estás cansada". Reflexioné y me di cuenta de que, efectivamente, siempre estaba cansada, y que esa cantaleta era parte de mi vida diaria. También pensé en lo terrible que ha de ser vivir con una madre que siempre está agotada y que sólo puede transmitir su fastidio. Una persona cansada no puede sentir entusiasmo, pasión, ni alegría por la vida. Me di cuenta de que iba a pasar a la posteridad como mártir. E imaginé el epitafio de mi lápida:

Aquí yace una mujer cansada,
demos gracias a Dios de que
¡por fin! descansa en paz.

Empecé a cambiar mi estilo de vida. Ahora cuando digo que estoy cansada con voz de gemido, me escucho, y se prende interiormente una luz de alarma. Recuerdo que sólo yo soy responsable de mi bienestar.

Este aprendizaje mutuo no siempre es placentero. Cuando era maestra siempre me admiraba cómo, al final del año escolar, podía sentir tanto cariño por aquellos niños que me habían dado tanto trabajo. Dentro de ese cariño pienso que también había un profundo agradecimiento por todo lo que aprendimos juntos. Convivir con algunos niños es como estar constantemente frotando dos piedras de donde salen chispas. Estas chispas producen calor. Calor que se puede transformar en amor, si lo permitimos.

La tarea de ser padres es quizá la más difícil y de mayor trascendencia que jamás tendremos. Estamos tratando con seres humanos, y lo que hagamos o dejemos de hacer va a marcarlos para toda su vida. Sin embargo, nadie nos entrena para ser padres. Existen las pláticas matrimoniales para las futuras parejas. Me pregunto por qué no hay orientación para las personas que quieren ser padres. Están surgiendo las "escuelas para padres". Desafortunadamente, muchas veces estamos tratando de remediar lo echado a perder. Imagínense lo que significaría que nos pudiéramos preparar antes de tomar la decisión de tener hijos, en vez de buscar ayuda cuando ya tenemos problemas con ellos.

Cuando doy mis talleres para padres de familia, muchas veces escucho y veo expresiones de dolor y culpa en las caras de las personas que hubieran querido educar a sus hijos de una manera más informada, sin lastimarlos. Es doloroso saber que hemos herido a los que más queremos en la vida. Raras son las personas que conscientemente deciden hacer daño a sus hijos; generalmente cometemos errores por ignorancia, porque no conocemos una mejor manera, un mejor camino.

Aunque sigamos teniendo la fantasía de encontrar esa receta mágica para educar a nuestros hijos, la verdad es que como humanidad estamos iniciando una nueva etapa. Estamos abriéndonos a nuevos cuestionamientos. Tenemos un nuevo nivel de conciencia y por ello queremos desechar lo viejo en busca de lo nuevo. Adiós al autoritarismo. Adiós a la represión. Pero como toda nueva propuesta, *estamos tirando al bebé con el agua sucia de la bañera*, como dice la expresión estadounidense. Oscilamos del extremo del autoritarismo al extremo de la permisividad. Entonces, ahora el niño puede hacer lo que le viene en gana, no sea que "lo vayamos a traumar". No vayamos a cometer los mismos errores de nuestros padres. El niño consentido, que antiguamente era la excepción, ahora es la regla, lo hemos presenciado en Estados Unidos desde los años sesenta, lo empezamos a observar ahora en los demás países. El niño que rompe cosas, insulta a los padres, o los golpea, y los padres lo permiten "porque el niño está enojado y se está desahogando".

En este oscilar del extremo del autoritarismo al extremo de la permisividad, necesitamos buscar un equilibrio. Los invito a transitar por un nuevo camino, de doble sentido, en donde, por un lado, el adulto respete al niño y, por otro, el niño respete al adulto. Necesitamos encontrar el camino del respeto mutuo en donde exista libertad, pero con orden. Donde podamos recuperar nuestra seguridad interna como adultos, para poder guiar al niño con cariño, pero también con firmeza. Ofrecerles el apoyo de un adulto que está bien plantado sobre la tierra.

En pocas palabras, los invito a dar un salto en conciencia por medio de reconocer el potencial de crecimiento que puede aportarnos la convivencia diaria con nuestros hijos. A recuperar la dignidad de ser padres al darnos cuenta de la oportunidad única que se nos ofrece de crecer a través del amor, la alegría y el sentido del humor. Nuestros hijos no quieren padres perfectos, quieren padres que en su búsqueda interna aspiren diariamente a ser mejores personas.

En ningún momento pretendo resolver sus problemas familiares. Nadie puede saber mejor que ustedes qué es lo que sus hijos necesitan y qué puede hacerse para ayudarlos. Sólo pretendo avivar su autoconfianza y ofrecerles una perspectiva más amplia para que tengan nuevos instrumentos con que enfrentar las situaciones que viven diariamente con ellos. En otras palabras, quiero proporcionarles los suficientes elementos de juicio para que tomen las decisiones que mejor convengan. Si pretendiera darles la solución a sus dificultades, estaría quitándoles su poder y responsabilidad como adultos y como padres. Crearía una esclavitud tanto para ustedes como para mí. Cuando buscamos que otros nos resuelvan la vida, desechamos nuestro derecho a elegir. Nos subordinamos al entregarles nuestro poder y dejamos de ver que somos responsables de crear nuestra propia realidad. En esta posición dejamos de ser adultos y nos convertimos en niños frente al "experto". En cierta forma es una posición muy cómoda, porque cuando no funcionan sus consejos, podemos con toda tranquilidad culparlo... para empezar nuevamente la búsqueda de otro "experto". De esta manera, nos vemos sólo como víctimas de la ayuda ineficiente de "los que deberían de saber". Para eso les pagamos, ¿no?

Pero esto es un autoengaño. La responsabilidad es nuestra. Si somos adultos en todo el sentido de la palabra y queremos ser responsables como padres, necesitamos tomar nuestro lugar con dignidad, valor y entusiasmo, sabiendo que estamos contribuyendo a un cambio profundo de la humanidad. [El esfuerzo se verá multiplicado no sólo en nuestros hijos, sino en los hijos de nuestros hijos, y en los hijos de los hijos de nuestros hijos.]

Como una ayuda adicional les ofrezco en el libro distintas afirmaciones que los pueden ayudar a ser mejores educadores. Una afirmación es una frase que repetimos para cambiar las creencias equivocadas que tenemos en relación con nosotros mismos, nuestros hijos y nuestra realidad. Estas frases, si se repiten con constancia, penetran poco a poco en nuestro subconsciente y a "codazos" sacan y sustituyen las viejas creencias arraigadas que tenemos a causa de nuestros miedos, resentimientos y culpas; nos dan el apoyo y el aliciente para cambiar cuando estamos por repetir los viejos patrones de educar.

Seleccionen una o dos afirmaciones, las que para ustedes resulten atractivas; confíen en que éstas serán las que necesiten como apoyo. Pueden transcribirlas en varios papeles y ponerlas en su bolso o cartera, en el espejo del baño, en el escritorio o en el buró al lado de la cama. En pocas palabras: en cualquier lugar donde estén constantemente a la vista. Repítanlas al levantarse, cada vez que las recuerden durante el transcurso del día y antes de dormirse.

Mientras más las repitan, más rápido y seguro será el proceso.

Estas afirmaciones pueden servir para sanar miedos e inseguridades, y ayudarlos a adquirir la fortaleza para recuperar su autoridad como padres y educadores.

Al final del libro podrán encontrar un compendio de ellas.

Este libro está escrito para ser leído con el corazón. Busco despertar nuestro amor para ver al niño con otros ojos; para ver su inocencia, su gracia, su gran confianza y amor por nosotros; para ver al niño como el reflejo de lo que nosotros también fuimos y sobre todo, para saber que necesita lo que siempre hemos necesitado: aceptación, amor, protección, seguridad. Recordar por medio de él qué me gustaba, qué quería y a qué le temía. Porque lo que este niño necesita es lo mismo que sigo, aún ahora, queriendo. Las formas cambian pero las necesidades persisten.

Gracias por permitirme caminar por un momento a su lado.

ACLARACIÓN: *Pido al lector que comprenda que por evitar el tedio de estar continuamente haciendo la aclaración, cuando me refiero al padre me estoy refiriendo igualmente a la madre, y cuando digo niña, me estoy refiriendo igualmente al varón.*

Primera parte

capítulo 1

La educación autoritaria

R ecuerdo un hogar en el que cuando en la comida se servía pollo, el padre preguntaba a cada hijo:

"¿Qué pieza de pollo quieres?"
"Pechuga", decía el hijo.
"Sírvanle pescuezo", ordenaba el padre.
"¿Y tú?" "Pierna". "Denle pechuga".
"¿Y tú?" "Pechuga". "Denle ala".
"¿Y tú?" "Pescuezo". "Denle pescuezo".

Ninguno se salvaba, pero nadie protestaba ni se quejaba. Estaban aprendiendo a comer en un sistema cuasimilitar. Nada de preguntas, nada de comentarios. Lo que pensaban se quedaba así, en forma de pensamiento y no salía jamás de sus bocas.

Nuestros antepasados y muchos de nosotros fuimos educados en esta forma autoritaria. Crecimos bajo la ley de "lo haces porque yo lo digo y punto". Los adultos eran firmes y seguros, no titubeaban al tomar decisiones, en raras ocasiones tomaban en cuenta nuestros sentimientos o preferencias.

En este sistema autoritario el niño tenía muy claros sus límites y sabía las consecuencias si no obedecía. Los padres ejercían su derecho a educar sin temor a ser criticados, y este derecho les daba un dominio exclusivo sobre la vida de sus hijos. El niño era considerado un ser inferior, sin voz ni voto, incapaz de tomar alguna decisión, y sus sentimientos generalmente eran ignorados.

La siguiente anécdota me la compartió una amiga:

"¿Papá, puedo ir a la excursión con mis amigos?", pregunta Mirna de 16 años. "No", contesta el padre. "¿Por qué? Saqué muy buenas calificaciones y he cumplido con todas mis tareas," reclama la hija. "A tu padre no le preguntas por qué, te quedas sin salir quince días empezando en este momento." La hija ve el reloj y sabe que hasta las 4:00 p.m. del viernes, dentro de dos semanas, podrá volver a salir con sus amigas.

Mundos separados: el mundo adulto y el mundo infantil

Pero este mundo tenía también sus aspectos positivos. La estructura familiar era clara: el mando era ejercido por el adulto que cargaba con toda la responsabilidad y el niño simplemente obedecía. En este sentido podía crecer sin preocuparse de decisiones que no le correspondían. El niño se respaldaba en el adulto y esto le permitía habitar su mundo infantil lleno de inocencia. El niño era considerado un ser inmaduro y sus errores eran considerados como el precio de esa inmadurez. El adulto cargaba con la responsabilidad de educarlo y hacer de él un hombre de bien. La división entre el mundo del adulto y el mundo del niño era clara y bien marcada. Las transgresiones no eran aceptadas. Tanto el adulto como el niño conocían su espacio.

> Sandra quiere saber si puede salir al jardín a jugar con los vecinos. Abre con mucho cuidado la puerta de la sala para descubrir a su madre platicando con la tía Berta. Cuando se dan cuenta de su presencia, las mujeres bajan la voz e interrumpen su conversación. Hay un silencio embarazoso mientras la niña espera que la madre le indique con la mirada que puede acercarse. Sandra se aproxima, pero se detiene a una "distancia prudente" y aguarda sin hablar hasta que la madre le pregunta lo que desea. "Sí, puedes salir un rato hasta que te llamen a cenar". Ambas mujeres observan a Sandra retirarse antes de continuar su conversación.

Este ejemplo nos transporta a tiempos ya olvidados en donde las conversaciones de adultos eran sólo para adultos. Ningún niño era admitido en estas pláticas, pues se consideraban "inapropiadas" para ellos. Los adultos cuidaban celosamente todo lo que decían, y el niño se enteraba sólo de lo que el adulto consideraba conveniente. Esto permitía una separación clara entre ambos mundos, y a la vez ofrecía una protección importante al niño, pues evitaba que escuchara comentarios perturbadores que pudieran llenarlo de miedo y preocupación. No se estresaba en relación con situaciones que no le incumbían ni estaba en su poder cambiar. ¡Qué diferente de lo que vivimos en estas épocas!

El bienestar del niño

Antes los padres cuidaban al niño y daban preferencia a su bienestar. Su vida era regulada por rutinas consideradas sagradas. Se desayunaba, comía y cenaba a una hora fija. El baño y la hora de dormir eran parte de un ritual que se sucedía, día con día, de manera inalterable. Las excepciones eran raras y consideradas como un regalo del cual se gozaba sólo en ocasiones privilegiadas, como la boda de la prima, la Navidad o el aniversario de los abuelos.

Esta rutina inviolable ofrecía al niño una estructura que le proporcionaba seguridad emocional, pues sabía qué esperar y no vivía de un sobresalto a otro. No requería de adaptaciones constantes que lo estresaran.

El niño pequeño no tenía más trabajo que jugar y dejar que el adulto se encargara de atender sus necesidades físicas. La madre generalmente estaba en casa y le ofrecía todo el apoyo que él necesitaba. Hasta su ingreso a la primaria, el niño pasaba todo el día en casa observando el quehacer de los adultos. Raramente salía y la prisa no existía. El niño despertaba cuando había descansado lo suficiente, y cuando comía nadie lo apresuraba. No había expectativas respecto a lo que tenía que aprender y a lo que tenía que lograr. Era niño y nadie tenía por qué esperar más. Se le permitía germinar y florecer como a la planta en el campo, que sólo requiere del ambiente necesario.

El niño en edad escolar tenía que ocuparse de ir al colegio y hacer la tarea, y el resto del tiempo era suyo, para disfrutar. Las tareas escolares de antaño eran consideradas sólo un apoyo al trabajo realizado por el niño durante la mañana en la escuela, y ocupaban poco de su tiempo por la tarde; tenía libertad para jugar con sus hermanos y vecinos.

Apoyo familiar

Las madres gozaban del privilegio del apoyo de otras mujeres: madre, tía, abuela, que las ayudaban y enseñaban a cuidar a los hijos. La madre y la abuela dedicaban su tiempo a educar a la hija y la inducían al mundo femenino, para que supiera acoger, proteger y nutrir a su hijo. Este sostén femenino ofrecía una guía para saber cómo y qué responder ante las demandas del niño. Ayudaban a despertar en ella el instinto materno, a fin de que contactara y satisficiera adecuadamente las necesidades del pequeño.

Este instinto materno le permitía después desenvolverse con seguridad y la ayudaba a tomar decisiones firmes sin perderse en dudas y cavilaciones. En ningún momento pensaba que necesitaba dar explicaciones de sus determinaciones ni al hijo ni a otros adultos. Nada de comparaciones con los vecinos ni de consultar con el psiquiatra o el consejero familiar. Pensaban: "En mi casa las cosas se hacen así, y al que le guste bien, y al que no ¡también!"

> Recuerdo haber preguntado de niña: "¿Por qué no puedo ir a dormir a casa de Regina?" Mis padres me respondieron: "Porque no". Cuando me encontré con mi amiga, ella me preguntó por qué me habían negado el permiso, y yo le dije: "Que porque no". "¡Ah!", me respondió. Ambas quedamos conformes.

"Porque no", o "porque sí" era suficiente explicación que mantenía satisfechos a los niños de esa época.

Secuelas emocionales

Si bien era acertado que se cuidara el bienestar físico del niño y que ambos mundos, el infantil y el del adulto, estuvieran claramente separados y que las madres contaran con un apoyo por parte de otras mujeres, los padres no reflexionaban sobre las consecuencias emocionales de sus actos con respecto al niño. Tenían claro lo que esperaban de él. Si para lograrlo era necesario humillarlo y azotarlo, el fin justificaba los medios. El niño crecía bajo la benevolencia o la cólera de los adultos, que no se preguntaban sobre las consecuencias emocionales que aquél pudiera sufrir. Había que evitar que el hijo creciera "torcido", y el cómo los tenía sin cuidado.

A un niño de 7 años le dio por tomar dinero de la cartera del padre. La primera vez que lo hizo, el padre le pegó; la segunda vez lo azotó, pero la tercera lo encerró tres días en su cuarto a pan y agua.

El muchacho no volvió a tomar dinero del padre. Escarmentó, pero también quedó lastimado. ¿Qué puede pensar y sentir un niño de esa edad a quien se le encierra y se le trata como a un preso?

Otro incidente que marcó a una amiga:

"Tenía 6 años cuando me sirvieron un huevo de desayuno. Como el huevo no me gustaba, pensando que no me veían, me levanté disimuladamente y lo tiré a la basura. En mi familia jamás se desperdiciaba la comida, pues mi madre es de origen alemán y le tocó vivir penalidades durante la segunda Guerra Mundial. Ella se dio cuenta de lo que había hecho y sin decir palabra, cuando toda la familia partía de día de campo, me tomó de la mano y me encerró en un oscuro patio de servicio. Ahí permanecí sola todo el día, hasta que cuando regresaron, de noche, mi madre abrió la puerta, me tomó de la mano y me llevó a cenar. Me sirvió... huevo".

Aprendió su lección: hay que comer lo que nos sirven, nos guste o no, pues la comida no se desperdicia.

La intención, buena; la forma, nefasta. Lecciones aprendidas con el hierro candente no se olvidan porque las guardamos en la memoria como recuerdos que aún palpitan cubiertos de dolor y resentimiento.

Educación autoritaria en las escuelas

Para desgracia de la humanidad, todavía hay escuelas que siguen bajo este régimen. El niño tiene que aprender, y el precio que se pague por ello no importa. Aunque sea por medio de burlas, humillaciones o golpes, lo que cuenta es que aumente su calificación. Los padres aceptan este maltrato por miedo a que su hijo se quede rezagado. Si no, ¿qué va a ser de su futuro?

> En un colegio preescolar de prestigio, el hijo de mi amiga y un compañerito eran especialmente inquietos. Un día la maestra, no sabiendo qué hacer, los amarró con sus suéteres a la silla y les cubrió la boca con cinta adhesiva.

¡Santo remedio! Se acabó el problema. Si hay secuelas emocionales, ésas que las arreglen los padres después. Para eso están los psicólogos, ¿no?

Me enteré, por otra madre de familia, que en la escuela de sus hijos sentaban a los alumnos de acuerdo con sus calificaciones. "¿A qué te refieres?", le pregunté. Me explicó que a los alumnos los ubican en sus pupitres, por hileras, de acuerdo con el promedio de sus calificaciones; es decir, los niños más aplicados, de diez, en la primera fila, los de nueve en la segunda, y así sucesivamente, quedando hasta atrás los reprobados.

Me quedé boquiabierta. Empecé a imaginar lo que siente y piensa un niño sentado con los reprobados. "Soy un fracasado, no sirvo, soy lo peor, soy una vergüenza". Con seguridad ha de pensar: "Para qué seguir en la escuela". Creo que no existe una mejor forma de desalentar a un alumno.

Pero, ¿qué decir del que está en la primera fila, el alumno "diez"? Este niño debe sentirse indudablemente "mejor que los demás". Se llena de arrogancia y puede ver a los otros como inferiores. Pero le asalta la duda: ¿y si no puedo sostenerme todo el año escolar como el mejor? ¿Y si me equivoco? ¿Y si fallo y defraudo a mis padres y maestros? El precio que este niño paga es vivir con inseguridad y miedo de perder lo que tiene. Como resultado tenemos a un niño demasiado estresado.

Si observamos, en este sistema todos pierden. Pierden los atrasados que se sienten humillados, pierden los de enmedio, que se piensan mediocres, y pierden los más avanzados, que son aplaudidos por los adultos, pero rechazados y envidiados por sus compañeros.

Podríamos escribir multitud de anécdotas del maltrato en las escuelas que aún siguen este régimen autoritario. En estas escuelas se educa al cerebro, pero se lastima al corazón.

capítulo 2

El salto del autoritarismo a la permisividad

"No tengo idea de cómo voy a educar a mis hijos: lo único que tengo claro es que no voy a cometer los mismos errores que mis padres".

Éste se convirtió en el nuevo lema de aquellos adultos que de niños sufrieron heridas a manos del sistema autoritario. Han decidido que no quieren tratar a sus hijos como fueron tratados ellos y buscan un cambio radical, un nuevo camino.

Con esta sincera resolución han oscilado de un polo a otro. Es así como de ser autoritarios se han convertido ahora en padres permisivos.

Si alguien duda de lo que significa esta permisividad, sólo basta ir a un lugar público y observar a los padres con sus hijos:

Eugenia y Alberto están en un restaurante con su hijo Ricardo de 4 años. El padre revisa su agenda en busca de una anotación, mientras la madre contesta su celular. Ricardo empieza a jugar con el cenicero de vidrio. "Déjalo, Ricardito, que lo vas a romper", le dice el padre mientras saca su cartera. "Déjalo, caramba, que lo vas a romper". Esta advertencia la repite varias veces, hasta que se escucha cómo azota el cenicero en el piso y se quiebra en mil pedazos. "¡Te dije que lo ibas a romper, qué necio eres!" La madre baja el celular y le dice a su esposo: "Llama a la mesera, dile que nosotros pagamos el cenicero". Ricardito empieza a jugar con el salero y el pimentero. Se pone de rodillas, destapa el salero y riega la sal por todo el piso. "Deja de hacer cochinadas", le dice el padre. La madre cuelga el teléfono y le dice a su esposo: "Ay, déjalo, sólo se está entreteniendo. ¿Qué pasó con la comida?"

El padre permisivo está muchas veces presente en cuerpo, pero no en alma. Mira pero no ve. Sólo se medio ocupa del niño, que sabe que está en libertad de hacer todo lo que quiere sin restricción alguna.

Mundos integrados: el niño adulto y el adulto niño

Hemos iniciado una época de integración en donde queremos unificar todo: a nivel económico le llamamos globalización; a nivel sexual, unisex; a nivel religioso, ecumenismo. Son manifestaciones de la necesidad humana que nos lleva a buscar la unión con otros, para desaparecer aquellas diferencias que nos separan. Surge de la necesidad inconsciente de regresar a la unificación que una vez tuvimos en el mundo espiritual.

Una manifestación, aunque equivocada, de esta tendencia, es el deseo de unificar todas las edades, eliminar la separación entre niños, adolescentes, adultos y ancianos. Podemos ver con claridad su expresión en la forma de vestir. Si observáramos alguna ropa para niños y no supiéramos sus dimensiones, pensaríamos que es para jóvenes. Los niños pequeños se visten ahora como adolescentes, y los adultos y viejos también. Los medios de comunicación nos están convenciendo de que la mejor etapa de la vida es la juventud, así que debemos acabar con lo que sobra: la niñez, la madurez y la vejez. Si esta tendencia no hace tanto daño a la vejez (aparte de erosionar su bolsillo cuando busca cirugías y cremas que lo mantengan con la esperanza de que no pasa el tiempo, con la ilusión de que el cuerpo no se desgasta y de que la vejez es una enfermedad que hay que evitar a toda costa), al niño pequeño lo afecta gravemente. Porque al vestirlo como jovencito nos olvidamos de su inexperiencia y empezamos a demandar una madurez que aún no tiene.

En este sentido hay que ver cómo han cambiado los comentarios y juegos que hacen los niños en los preescolares en relación con la sexualidad. Si antes jugaban al doctor y a "*si te bajas tu calzón y me dejas ver, yo me bajo el mío y te enseño*", ahora un niño se echa sobre una niña para jugar a que hacen el amor. No falta una madre escandalizada que vaya al colegio a quejarse; y, ¿por qué nos sorprende, si los niños ven programas de adolescentes y adultos en la televisión y en el cine? ¿Si muchos están solos frente a la computadora y tienen acceso a la pornografía en el internet?

> Leticia encuentra a Selma con su hija de 6 años, saliendo de la sala del cine. En voz baja le pregunta: "Oye, Selma, estaba algo fuerte la película para tu hijita, ¿no crees?" "Sí, pero no tuve con quién dejarla y como era el último día que la pasaban, pues decidí traerla. Pero no creas, le tapé los ojos en las escenas que no eran para ella".

Aunque tratemos a los niños como jóvenes, la niñez no se elimina, sólo se distorsiona, se acorta, se llena de miedos y se enferma. El niño interpreta, a su manera, las situaciones que no comprende y crece golpeado por una realidad demasiado cruda para sus escasos años.

Otra interpretación, desafortunadamente equivocada, de esta tendencia a la unificación, es la que se refiere a la igualdad entre los sexos. Se traduce en buscar que seamos iguales hombres y mujeres, que borremos aquello que nos distingue. Esta situación nos pone en competencia, y en vez de unificarnos, terminamos separándonos más que nunca. Somos iguales en cuanto a que ambos somos seres humanos que merecemos respeto y dignidad. Somos iguales en derechos, en que merecemos las mismas oportunidades y el mismo trato de respeto en el trabajo y en el hogar. Ambos tenemos derecho a crecer y realizarnos como personas. Lo anterior nada tiene que ver con eliminar las diferencias que nos caracterizan a las mujeres y a los hombres. Si reconocemos internamente el verdadero sentido de la igualdad que compartimos, desecharemos la necesidad de competir para demostrar nuestra superioridad.

Por otro lado, la interpretación equivocada de los derechos humanos en relación con el niño se traduce en la idea de que éste y el adulto tienen la misma madurez y poder de juicio. Un ejemplo es la ley, en Estados Unidos, que permite que un niño demande a sus padres por maltrato. Ponemos una responsabilidad de adulto en manos de un niño; ¿podemos imaginar el conflicto interno que le ocasionamos al pensar que tiene la posibilidad de disponer de la vida de sus padres? ¿Para cuántas manipulaciones se presta? Aunque la intención de evitar el abuso infantil es buena, su implementación es un error garrafal. ¿Cuántos niños en dicho país, disfrutando de este nuevo poder en sus manos ahora lo utilizan para amenazar y manipular a sus padres si son regañados o no son complacidos como ellos desean? Gracias a esta ley, los papeles se han invertido: el niño controla y el padre se doblega.

¿Inteligencia significa madurez?

La línea clara que marcaba la separación entre el mundo del niño y el mundo adulto se ha borrado. El niño en este acercamiento de permisividad es considerado sabio, maduro y muy inteligente. Capaz de decidir y dirigir su vida. Pero hay que analizar esta nueva perspectiva. ¿El niño es sabio? En algunos aspectos tenemos que decir que sí lo es.

> Melisa, que aún no cumple cuatro años, le dice a su madre: "Mamá, ¿tú sabes que cuando me gritas me duele mi corazón?"
> Y Sergio, de 13 años, le dice a su madre, que insiste en controlar toda su vida: "Mira mamá, imagínate que es como hacer un edificio; tú ya pusiste los cimientos, y ahora a mí me toca construir lo demás."

¿Son inteligentes? Sí, pueden ser muy inteligentes, y a edad muy temprana sus respuestas nos pueden, muchas veces, sorprender por lo atinadas que son.

Pablo tiene 2½ años y quiere ponerse los zapatos, pero se frustra ante la dificultad y pide ayuda. La madre, que quiere alentarlo, para que se esfuerce y sea independiente, le dice: "Inténtalo, Pablito, inténtalo". Más tarde el niño quiere treparse a una barda, pero viendo que no alcanza le grita a la madre que lo ayude. "Inténtalo, Pablito, inténtalo". En la madrugada, Pablo le pide que le lleve una mamila a la cama y la madre le contesta que no puede, que se duerma. Pablo le grita: "Inténtalo, mamá, inténtalo".

Dos años y medio y el niño ya sabe cómo regresarle a la madre sus propias enseñanzas, entiende el sentido y sabe cómo aprovecharlas para su beneficio.

Otra anécdota simpática:

Fabiola quiere que su hijo de 3 años se bañe. "Hijo, deja de jugar, que es hora de bañarte". Pero como está muy entretenido, Toño, ignora la orden de su madre. Después de insistirle varias veces, por fin se acerca molesta y le grita: "Toño, ¡dije que a bañarte! Voy a contar, uuuno, dooos…" El niño corre y obedece.

Una vez bañado, se sienta a cenar. "Quiero leche con chocolate". La madre lo ignora. El niño repite con el mismo tono de la madre: "Voy a contar, uuuno, dooos…"

¿Inteligente? Sí, muy inteligente, ¿pero inteligencia es lo mismo que madurez? Aquí está la confusión. Pueden ser muy inteligentes, tener una sabiduría que nos asombra por su profundidad, pero eso no quiere decir que puedan manejar sus vidas o que tengan la madurez para tomar decisiones importantes. Porque la madurez es resultado de la experiencia, es decir, de asociar causa y efecto y poder recordarlo. Pero el niño no tiene todavía la capacidad para hacer estas asociaciones y, ¿cómo puede tener memoria de situaciones que aún no vive?

Jorge, de 9 meses, está en el tapete con su primo Alejandro de 6. Jorge se acerca gateando, toca el brazo rechonchito de su primo y lo muerde. Alejandro suelta un fuerte alarido de dolor mientras Jorge lo observa asombrado.

Jorge mira sorprendido porque en ningún momento ha asociado que la mordida ha causado el alarido del otro bebé. Al niño le toma años entender cómo funciona el mundo y darse cuenta de que su actitud tiene un impacto en los demás. Cuántas veces nosotros como adultos maduros no caemos en cuenta: ¡todavía no acabamos de aprender!

> Alex se encuentra con su amiga Rina. "Oye, Rina, ¿dónde se está escondiendo tu amiga Celina? Cada vez que la veo parece desaparecer". Rina se encuentra más tarde con Celina, que le explica: "Ya no lo soporto, ya le dije mil veces que me aburre que sólo hable de automóviles, pero no entiende".

Madurez también implica tener visión hacia el futuro. Comprender cómo me afectará el día de mañana lo que hago en este momento. Olvidamos que el niño pequeño vive en el presente, no tiene aún noción del mañana. Al niño pequeño, de meses, cuando le retiramos un juguete, para él ese juguete ha dejado de existir. Fuera de su vista, fuera de su existencia. Por eso en vez de regañarlo cuando está tomando algo que no debe, hay que quitarlo del lugar o esconder el objeto.

Cuando el niño es más grande, digamos de edad preescolar, observamos lo siguiente:

> La madre llega a recoger a Jerónimo de 4 años a la escuela, y con expectativa le pregunta: "¿Mi hijo, qué hiciste hoy en la escuela?" El niño responde: "Nada", mientras abre su lonchera y se empieza a comer el pedazo de galleta que sobró. "Cómo que nada, estuviste muchas horas, algo has de haber hecho". Entre mordida y mordida le contesta desinteresadamente: "No, no hice nada". La madre maneja el auto a casa preocupada y cuando llega le dice a su esposo: "Oye, creo que sería bueno pensar en cambiar de escuela a Jerónimo, qué caso tiene gastar en un colegio tan caro, ¡para que no haga nada!"

Como fui maestra de preescolar, muchas veces atendí a madres preocupadas que pensaban que su hijo se pasaba la mañana entera de ocioso. Cuando explicaba todas las actividades en que participaban, algunas todavía me miraban con incredulidad, y me daba cuenta de que pesaba más el comentario de su hijo que el mío. Necesitamos entender que el niño no puede aún recordar a voluntad lo que le pedimos, pues sólo tiene memoria asociativa. Es decir, recuerda cuando algún olor, imagen o comentario, le despierta la memoria. Así, si en la tarde, al estar jugando en la sala, Jerónimo escucha una canción, puede que recuerde el juego que hizo en el colegio con sus compañeros y empiece a platicar animadamente. El olor de un perfume puede recordarle a la abuela, una cara enojada al policía del estacionamiento. Por asociación el niño pequeño recuerda y, por tanto, es inútil pedirle que a voluntad platique todo lo que hizo por la mañana. Para él lo que hizo en la escuela es un pasado muy lejano y que no tiene ahora el menor interés. Su atención sólo está enfocada en el momento presente. Este ejemplo de una sobrina mía nos puede aclarar cómo percibe el niño el tiempo.

"Mamá, ¿cuándo vamos a ir a comprar mis zapatos?", pregunta Rosalía de 3 años. "Mañana, mi hija". Más tarde, cuando están desayunando, pregunta: "¿Cuándo vamos a ver a la abuela?" "Mañana, hija". "¿Cuándo regresa papá de viaje?" "Mañana". La niña se queda reflexionando: "Mamá, siempre es hoy, ¿verdad?"

El futuro no tiene gran significado para el niño pequeño que vive en el eterno presente; conforme va creciendo empieza a ampliar su horizonte para incluir tanto el pasado como el futuro. Lo mismo ocurre con su percepción del espacio. Por ello, antes de los nueve años no tiene sentido enseñarle ni historia ni geografía, ya que sólo repetirá los conceptos como loro, pero sin ninguna verdadera comprensión.

Cuando tratamos de apresurar esta madurez en el niño nos podemos sentir muy frustrados. Pensamos que si damos largas explicaciones a este niño, que consideramos muy listo, podrá comprender las consecuencias de sus actos; al hacerlo, dejamos en sus manos la responsabilidad para después sentirnos decepcionados, cuando toma la decisión equivocada. Que yo le explique al niño, por inteligente que sea, no quiere decir que él comprenda. Entiende pero no comprende, pues la comprensión sólo es resultado de la madurez; lo que decide en él no es su juicio sino su apetencia, su deseo del momento.

> Julián quiere otro helado. "No, hijo", explica pacientemente la madre. "Ya es demasiado, después vas a estar con dolor de estómago". Julián empieza a gritar: "¡¡Quiero otro, quiero otro!!" La madre, intimidada por el arranque de cólera del niño y ante las miradas molestas de los adultos, le compra lo que pide.

> Una vez en casa, Julián empieza a quejarse de que le duele el estómago. "Te lo dije, por Dios, cuántas veces te lo dije, pero eres un necio...", le recrimina la madre.

Cuando dejamos que el niño tome la decisión equivocada y sufre después las consecuencias, el famoso "¡te lo dije!" sólo es sal que añadimos a su herida. Cometemos una gran injusticia cuando dejamos decisiones en sus manos que no le corresponden, y después lo regañamos o lo castigamos. El error y la falta de juicio no son de los niños, son nuestros al insistir en que tengan una madurez de adulto cuando aún son pequeños o jóvenes.

> Francisco tiene 15 años y sus amigos quieren ir a pasar el fin de semana al lago de Tequesquitengo. "Lo siento, Francisco, pero si no los acompaña algún adulto, no vas". Francisco le grita a la madre que es una anticuada y muy enojado le azota la puerta. La madre se sostiene en su decisión y no le permite ir. El lunes, cuando Francisco regresa a la escuela, le platican sus compañeros espantados que Julián había estado en el hospital, pues estuvo a punto de morir ahogado cuando, alcoholizado, trató de sacar la lancha y cayó al lago.

La madurez se adquiere con el tiempo. Sólo la madre puede vislumbrar el peligro que corre un muchacho de esta edad, en esas circunstancias. ¿Por qué insistimos en tratar al niño y al joven como adultos? ¿Por qué insistimos en querer borrar esta etapa de la vida y apurarlos a cargar con responsabilidades que no les corresponden? Si pudieran desempeñarse como adultos estarían ya viviendo independientemente y no necesitarían de nuestra ayuda, ¿pero esto es posible? Si los niños están con nosotros es porque

nos necesitan. Necesitan de nuestra guía y buen juicio para educarlos. Cuando vemos la infancia del Dalai Lama, apreciamos cómo a pesar de que su madre sabía que estaba predestinado a ocupar un puesto tan importante, eso no evitaba que lo tratara y
educara como correspondía a su etapa de vida, como niño. No
esperaba otra cosa de él ni evitaba ponerle límites cuando lo cre-
ía necesario. Ella era la madre y él sólo un niño. Cada uno en el
lugar que le correspondía.

En este mundo actual, en que estamos integrando el mundo
del niño en el del adulto, le hemos abierto al niño la puerta principal sin poner límite alguno a lo que puede escuchar o ver. Así,
conversamos en el coche sobre el divorcio de nuestra amiga que
encontró al marido con otra, y cuando el niño sorprendido nos
pregunta de quién hablamos, le decimos simplemente que no la
conoce. Vemos en el noticiario arrestos, guerras y violaciones
mientras el niño juega al lado. O escuchamos en el radio las no-
ticias sobre el último secuestro al conducir a los niños al colegio.
El adulto pretende que el niño está ausente, sordo o ciego.

El resultado de inmiscuir al niño en nuestro mundo adulto
es que lo llenamos de miedo. Le permitimos que presencie y es-
cuche situaciones que emocionalmente no puede digerir y se an-
gustia. Cuando escucha en la telenovela que el padre ha abando-
nado a la madre, el niño hace la transferencia a su vida y sufre
pensando que lo mismo puede ocurrir en su familia. Cuando ve
en el noticiario asesinatos que ocurren en el Medio Oriente, y como aún no tiene noción de espacio, piensa que está ocurriendo en
la casa vecina y ninguna explicación lo consuela o lo ayuda a ate-
nuar la zozobra que siente ante tal espectáculo televisivo.

En un colegio de la ciudad de México, me platicó una maestra
que cuando un día le avisó a sus alumnos que no podían salir al
recreo en el jardín, una niña se le acercó y le dijo al oído:
"Maestra, yo ya sé por qué no podemos jugar en el jardín.
¡Porque la lava del Popo ya quemó todo el pasto!"

Seguramente esta niña había escuchado los noticiarios de esa semana, que anunciaban el peligro de erupción del volcán Popocatépetl. Era un hecho, para ella, que la lava ya había cubierto el jardín de su escuela y estaba por entrar al salón de clases.

¡Peligro! Especie en extinción: el niño inocente

El precio que están pagando los niños en la actualidad por la integración de esos dos mundos es muy alto. El precio es la pérdida de su inocencia. Antiguamente, niñez era sinónimo de inocencia; pero hoy en día ya ni sabemos cómo se escribe esta palabra. ¿Inocencia se escribirá con "h"?, nos preguntamos.

Cuando arrancamos al niño de su mundo infantil, de ese mundo mágico donde se maneja a su antojo y se encuentra seguro, para incluirlo en el mundo adulto, lo volvemos impotente y desvalido. Lo mandamos a la guerra sin fusil. Como la fruta que ha sido madurada artificialmente, que conserva su bella apariencia, pero ya no tiene sabor, cuando el niño pierde su inocencia, su alma se encoge y endurece. El mundo deja de ser bello y seguro para volverse incierto y amenazante. El niño deja de confiar y se protege con cinismo y agresión. Cambia su alegría de vivir por el resentimiento de existir. Después nos sorprende saber que la depresión infantil va en aumento.

Al finalizar un taller se acercó un padre con mirada angustiada:

> "Escuché un reportaje sobre abuso sexual de niños, y tratando de proteger a mi hijo de 5 años, lo senté y le expliqué todo lo que le podía ocurrir si no se cuidaba. A partir de ese momento no duerme bien ni se separa de mi lado. Está con mucho miedo. ¿Qué hago?"

¿Cómo desandar lo andado? ¿Cómo regresarle a un niño su inocencia? "Perdón, me equivoqué, borra lo que te dije, y desecha tu miedo". Si se pudiera, yo sería la primera en crear una campaña para regresarle gratuitamente a todos los niños su inocencia. Sería una labor que beneficiaría a toda la humanidad.

Pero la realidad es otra. Cuando el niño pierde la inocencia antes de tiempo, pierde un tesoro irrecuperable. Rasgamos su alma al enfrentarlo a un mundo crudo e incomprensible, que parece lleno sólo de dolor.

Aunque es una fantasía, la película *La vida es bella* muestra la historia de un padre que en la peor de las circunstancias trata de preservar la inocencia de su hijo. ¿Por qué gustó tanto esa película? Porque apela a ese anhelo inconsciente que tenemos de conectarnos con la parte bella de la vida y desechar lo que es injusto, doloroso y nos degrada.

¿Cómo es este niño inocente?

Es espontáneo, ocurrente, fresco, y se siente contento de existir. Su abrazo entusiasta es abierto y confiado. Sus movimientos, ligeros y graciosos. Vive lleno de asombro y cada detalle del mundo lo maravilla. Sin esfuerzo alguno percibe y toca lo bueno en cada uno de nosotros. Somos lo que somos, y con eso es feliz. No espera nada y espera todo. Si lo contemplamos, veremos que aún tiene estrellas en los ojos.

El niño inocente es tan bello, que me pregunto: ¿Por qué lo queremos cambiar? ¿Por qué preferimos a ese niño desfasado, desconfiado, de movimientos erráticos y nerviosos que pretende que nada lo impresiona, pero en la noche no puede dormir? Es como la planta que sembramos a la intemperie y crece débil, torcida por los azotes del mal tiempo. En cambio, la que germina y crece con todos los cuidados en el invernadero, se encuentra después fuerte y bien arraigada para que, al ser trasplantada, pueda soportar cualquier inclemencia. Así el niño que se mantiene protegido e inocente y que se le permite madurar lentamente, cuando despierta a la vida tiene la fuerza que necesita para enfrentarla.

¡Apúrate, mi hijito!

El cambio de ritmo en nuestras vidas ha sido la causa más importante en la transformación de la dinámica familiar. Si preguntamos a un niño de dos años cómo se llama, puede que nos conteste: "Apúrate". "¿Y tu apellido?" "Mi hijito". ¿Por qué? Porque son las palabras que más escucha durante el día.

> Luisa, de 3 años, está aún dormida cuando escucha la voz de su madre: "¡Apúrate, hija! Levántate, que se nos hace tarde". Luisa se sienta lentamente en la cama y cuando oye al perro ladrar se dirige a la ventana. "Qué haces? No tenemos tiempo para perder, ven a que te vista". La madre le empieza a quitar la pijama. Luisa toma un zapato y trata de ponérselo. "Así no, nena, deja que yo lo haga y así acabamos más rápido". La madre, en pocos minutos, termina de vestirla y la carga al baño. La sienta en el excusado mientras le moja el pelo. Luisa toma un pedazo de papel de baño y empieza a hacer bolitas. "Estate quieta, no hagas tonterías". La toma de la mano y la conduce a la cocina, donde le sirve un plato de cereal con leche. "Quiero un huevo revuelto". "No hay tiempo para hacer huevos revueltos; cómete el cereal, que se nos hace tarde para el colegio". Luisa toma la cuchara y aplasta las bolitas de cereal y observa cómo vuelven a flotar. "Qué haces, por Dios, deja de jugar. ¡Apúrate y come!" La madre se sienta a su lado y le empieza a dar de comer en la boca. La niña quiere protestar, pues siente que se ahoga. "Sécate con la servilleta y al carro. Corre, que se hace tarde". La madre, con refrigerio y suéter en mano, la toma del brazo y la jala al automóvil. "Si nos toca tráfico no llegamos... ¡No puede ser! ¡Tenemos que pasar por gasolina!"

Cuando pienso en esta situación, no sé quién me da más pena, la madre o la hija. Lo cierto es que estamos envueltos en un torbellino y al niño no le queda más remedio que seguirnos.

> "Apúrate, Eligio". "¿Adónde vamos, mamá?" "No sé, pero apúrate".

Esta madre no miente ni le está ocultando a su hijo la razón de su prisa; realmente no sabe por qué está apurada. La prisa nos invade y se ha convertido en nuestra forma de vivir. El niño desde pequeño aprende que no hay peor cosa que perder el tiempo. Debe aprovecharse siempre y al máximo. Es con este pretexto que hemos eliminado el juego de su vida. Todo nuestro tiempo debe ser empleado de manera constructiva y deberá tener un propósito educativo.

María llega al club y se encuentra a su amiga Lucía, que le está poniendo el traje de baño a su hija de 3 años.

—"¿Cómo, aún no la mandas a la escuela? Bueno, es tu primera, pero ya está un poco grandecita para estar en casa, ¿no crees? Catalina va al colegio desde el año y la semana pasada empezó a leer y ya sabe usar la computadora. Sólo tiene 4 años, pero claro, es muy lista. ¿Te acuerdas de ella? Y bueno, ayuda que la puse en el mejor colegio bilingüe. Es muy cara, me cuesta "un ojo de la cara". ¿Y cuánto crees que gasté en libros? Mejor ni te digo, un escándalo. Pero mira, como dice la directora, ésta es la edad para estimularlos, para que aprendan de todo. Yo no hablo muy bien inglés, pero lo que sé se lo repito todo el día. Acabo de inscribirla en unas clases en la tarde, para que se entretenga. Así, cuando llega a casa únicamente hace la tarea y a la cama. ¡Ah!, te quería recomendar la nueva tienda de juguetes educativos, así juega y aprende. No quieres que se quede atrasada, ¿o sí?

Cuando María se retira, Lucía se queda con un nudo en el estómago mientras observa cómo "pierde el tiempo" su hija chapoteando en la alberca.

Pareciera que tenemos una cantidad limitada de tiempo que transcurre a gran velocidad y, por tanto, amenaza con terminarse. De ahí nuestro terror al desperdicio. Pero si obedecemos la ley de la eficiencia y desempeñamos el máximo de actividades en un mínimo de tiempo, habremos entonces encontrado la solución: ¡ahorrar tiempo!

Eso quiere decir que si voy al supermercado es importante que me estacione en el lugar más cercano a la entrada, para ahorrar tiempo, escoger la fila del cajero más corta, para ahorrar tiempo, tener celular para no buscar una cabina telefónica y así ahorrar tiempo. Usar microondas, comprar comida congelada o precocida, para ahorrar tiempo, comprar y pagar mis cuentas en internet, para ahorrar tiempo. Por cierto, hay que emitir una ley que exija que se reduzcan los mensajes de las contestadoras telefónicas, pues nos quitan tiempo. La hija adolescente de unos amigos míos que comprende este ahorro del tiempo, grabó el siguiente mensaje en su contestadora, "Ya sabes qué hacer... ¡biiiiip!" Eficiencia total, tres segundos.

Pero lo que aún no me queda claro es: ¿por qué si estamos ahorrando tanto tiempo seguimos tan apresurados? ¿Qué está sucediendo con todo ese tiempo ahorrado? ¿Quién se lo está quedando? ¿Nos estaremos engañando?

La alcancía del tiempo

Acabo de comprar un marranito de barro, una alcancía de las que venden en los pueblos. Me fue difícil encontrarlo, pues parece que ya casi no los hacen. Pero yo la necesito. Necesito una alcancía que me recuerde que hay que ahorrar y que no me permita tomar el dinero a la primera oportunidad. Las cuentas en el banco no me han funcionado. Creo que el problema es que en el fondo soy anticuada.

Así que ahí está el marranito. Un recordatorio de mi obligación. Y las tres preguntas que continuamente me asaltan son: ¿cuándo se va a llenar? ¿Cuánto dinero le cabe? ¿Para qué lo voy a usar?

Son las mismas preguntas que nos podemos hacer con la alcancía del tiempo que tan diligentemente estamos rellenando. Algunos padres están ahorrando ese tiempo para cuando tengan comprado todo lo que desean: la casa, los muebles, la camioneta, la casa en la playa. El problema es que cuando rompan el cochinito del tiempo ahorrado, sus hijos ya no van a estar con ellos. Si ya son adolescentes van a preferir estar con sus amigos y les van a decir: "Váyanse ustedes a la playa, yo tengo plan con mis amigos". Para su sorpresa, ahorraron tiempo para disfrutarlo solos.

Otros lo están ahorrando para utilizarlo en su vejez, o para cuando se jubilen. Algunos son muy buenos para ahorrar, pero el cuerpo no les aguanta y mueren de un ataque al corazón antes de poder gozarlo.

Paradojas de la vida: cuando el niño está pequeño y ansía estar con sus padres, éstos están muy ocupados para atenderlo y todo es más importante que estar con él. Cuando los padres ya tienen tiempo para estar con él, ya es joven y no le interesa estar con sus padres. Ahora prefiere a sus amigos y a la novia.

Cuando olvidamos y confundimos nuestras prioridades, olvidamos el lugar que ocupan nuestros hijos en nuestra vida. Olvidamos que sólo serán niños por unos años. Que no siempre nos estarán esperando parados en la puerta. Que no siempre seremos los primeros en sus corazones, ni a los que busquen para llorar sus sinsabores. Olvidamos que también para ellos transcurre el tiempo y que una vez que esta niñez se despide, ya no regresa. Que su compañía es un regalo para gozar en el presente.

En resumen, podemos decir que el precio de la prisa para los adultos es que:

- *Vivimos atolondrados*
- *Abandonamos el presente*
- *Estamos irritables y de mal humor*
- *Desligamos el pensamiento del corazón*
- *Perdemos el gozo y la alegría de vivir*
- *Dejamos de digerir nuestras experiencias*
- *Olvidamos y confundimos nuestras prioridades*
- *Nos desconectamos de los que queremos*
- *Perdemos el sentido de la vida*

Preguntas para reflexionar:

- ¿Estoy siempre con prisa? ¿Siento que nunca tengo suficiente tiempo? ¿Estoy cansada, irritable e impaciente?
- ¿Me quejo constantemente de mis hijos? ¿Los regaño continuamente? ¿Me desesperan?
- ¿Qué puedo hacer para estar más relajada? ¿De cuáles actividades puedo prescindir para estar menos estresada?

- ¿Cuáles son mis prioridades? ¿Estoy atendiéndolas? ¿Mi hijo es mi prioridad principal?
- ¿Estoy dispuesto a dedicarle más tiempo? ¿Qué tengo que hacer para que esto sea posible?

Las siguientes afirmaciones pueden ayudar a soltar la prisa y darles a sus hijos más tiempo y atención.

Afirmaciones para padres con prisa

☆ *Me detengo para alimentar con atención el alma de mi hijo.*

☆ *Tomo el tiempo para disfrutar y gozar de mis hijos.*

☆ *Suelto mi prisa para apreciar las bondades de la relación con mis hijos.*

El precio de la prisa para el niño

El niño desde que nace está tratando de hacer dos conexiones: una con su cuerpo, al cual, por medio del movimiento, está aprendiendo a dirigir y, por tanto, a dominar; y otra, con el mundo que lo rodea, al que con sus sentidos quiere explorar, conocer y experimentar. Por eso todo toca, huele y se lo mete a la boca. Estas dos conexiones permiten al niño, por un lado, integrarse como persona, desarrollar su individualidad y sentirse un "yo", separado e independiente de su entorno. Por el otro, le permiten sentirse parte de un todo, parte del núcleo social y relacionado con la naturaleza que lo rodea. Separado, pero unido a la vez. Separado por su individualidad, pero unido como ser físico, emocional y espiritual al cosmos. Ésta es la paradoja de todo ser humano: ¿cómo puedo mantener mi individualidad a la vez que me conecto y me siento parte del todo?

Aunque podemos resumir este proceso, de manera muy esquemática, no podemos dejar de reconocer que hablamos de algo muy complejo. Cuando este proceso, en el niño, no se realiza de manera adecuada, nos encontramos con problemas de todo tipo: autismo, síndrome de déficit de atención, hiperactividad, depresión infantil, etc. Aunque sabemos que en algunos casos puede haber razones genéticas para estos males, la vida poco saludable que llevan los niños en la actualidad está contribuyendo al aumento desmedido de niños con estos problemas. Visitando un colegio privado en Estados Unidos, hace ya diez años, me comentaba la directora que cerca del 30 por ciento de los niños de esa institución necesitaban de algún tipo de ayuda, ya fuera física o emocional.

Tenemos que preguntarnos: ¿qué ocurre cuando apuramos al niño y él está haciendo estos intentos por autodescubrirse? ¿Qué ocurre cuando por nuestra prisa y excitación interrumpimos estos intentos del niño por relacionarse con el mundo que lo rodea?

> Aarón, de 2 años, está absorto viendo cómo llueve. Escucha el ruido de las gotas que golpean el techo y observa cómo se deslizan por el vidrio recorriendo lo largo de la ventana. Fascinado por el brillo del agua que se escurre, acerca su dedito, cuando se sobresalta al escuchar a su madre: "Aarón, ¿qué haces? Te he estado buscando para que te cambies, pues en unos minutos llega tu tía y saldremos de compras. ¡Apúrate!" Aarón, desconcertado, se resiste cuando la madre trata de jalarlo del brazo. "No tengo tiempo para tus payasadas, te vistes porque te vistes ¿me oyes?"

El niño intenta conectarse, pero nosotros lo desconectamos.

Tendemos a pensar que lo que queremos hacer como adultos siempre es más importante que lo que hace el niño.

> La madre está subiendo las bolsas del mercado a su automóvil. Aarón ha descubierto el borde de cemento de la jardinera a la orilla de la banqueta. Con toda su atención y cuidando no perder el equilibrio, se sube y empieza a recorrerlo poniendo un pie frente al otro para no caer. La madre cierra la cajuela del automóvil. En dos pasos alcanza por detrás a Aarón, lo alza de las axilas y lo mete al coche. El niño, sorprendido, protesta: "¡Déjame!" "Ya se nos hizo tarde, Aarón, y tenemos aún mucho quehacer".

Caminar en un borde guardando el equilibrio es una tarea muy importante para Aarón y requiere de toda su concentración. Podemos observar cómo el niño con toda su atención trata, mediante su movimiento, de conectarse con su cuerpo. Quiere convertirlo en un instrumento que pueda con toda facilidad manejar y dirigir. Por ello disfruta tratando de vencer todos los retos que le presenta la vida. Esta tarea, en los primeros años, ocupa todo su tiempo. Pero en vez de ayudarlo, obstruimos este trabajo con nuestra insensibilidad.

Cuando constantemente interrumpimos sus intentos de conectarse con su medio ambiente, con los que lo rodean y consigo mismo, el niño empieza a volverse nervioso, pierde su atención y se torna disperso, o se retrae y se deprime. Muchos niños que presentan estos problemas sólo son el resultado de la vida apresurada que llevan, que no les permite anclarse en la vida de manera adecuada. Se sienten perdidos en un mundo desconocido y exigente, a merced de las corrientes que los arrastran.

El precio de nuestra prisa es muy alto. ¿Por qué pagar con terapias y medicamentos algo que podemos prevenir dándole al niño el espacio y el tiempo que necesita para crecer? Espacio y tiempo que le permiten ser niño, sin parámetros absurdos que alcanzar, ni competencias que ganar. Espacio y tiempo para jugar, para explorar, para disfrutar.

Cuando, como padres, le damos al niño el cuidado y el tiempo para que crezca sano, emocional y físicamente, le abrimos las posibilidades para que desarrolle su máximo potencial. Porque cuando el niño, en estos primeros años, logra estas conexiones vitales con su ser y con su medio ambiente, le damos la posibilidad de crecer y convertirse en el autor de su propia vida. Puede afirmarse y construir a través de sus elecciones y decisiones la vida que desea y merece. ¿Qué mejor regalo podríamos darles?

Adiós a la rutina y bienvenido el estrés

Si revisamos qué nos está ocurriendo como humanidad en relación con la comida, podremos ver que estamos completando un círculo. Desde las condiciones de vida del hombre primitivo, que vivía como animal, que sólo cazaba su presa para asarla y comérsela, la humanidad poco a poco ha ido refinándose. De comer a la intemperie con las manos, pasamos a comer sentados, con utensilios y adornos en las mesas. Los platillos se tornaron más y más sofisticados. Invitar a compartir una comida familiar empezó a considerarse un honor. La hora de comer era un momento de convivencia familiar en donde se exigía la máxima educación y consideración hacia los demás. Los buenos modales y la cortesía eran muestras importantes de educación. Las ocasiones especiales se celebraban siempre alrededor de la mesa. Comida y celebración significaban convivencia, la oportunidad de vivir en buena armonía con la familia y con los amigos, darse el espacio para disfrutar. Al comer no sólo se nutría al cuerpo sino también el alma

Pero con este cambio en el ritmo de nuestras vidas, estamos dando un giro de 360 grados y completando el ciclo: estamos retornando a nuestros orígenes animales. Gracias al *fast food* estamos regresando al estado animal de comer cualquier cosa, de cualquier manera y a cualquier hora. Lo importante es quitarme el hambre y que sea rápido, como el hombre de las cavernas, que sólo buscaba satisfacer su urgencia. De comer con utensilios estamos retrocediendo a comer con las manos. Una hamburguesa, un taco, o comida chatarra. De usar platos estamos comiendo en servilletas o platos desechables. De comer sentados nuevamente estamos regresando a comer parados, en la calle, en el coche o donde nos llegue la necesidad. De comer acompañados a comer solos.

Observen, si no, a las masas de personas comiendo en un aeropuerto, sin hablar, con la mirada perdida, parados ante una especie de mesitas altas que fueron diseñadas para que se pudiera prescindir de las sillas; me las imagino como una suerte de "periqueras". Eliminan la distancia entre la comida y la boca. Menor esfuerzo, muy práctico. Observen asimismo al niño sirviéndose cereal para comer solo frente al televisor. Al hombre en la calle que come tacos y un refresco. O a la madre que le da de cenar galletas y yogurt al niño en el automóvil, mientras maneja a toda velocidad rumbo a su casa.

Estamos regresando a nuestras raíces, a engullir en vez de comer. Pero ¿dónde queda el niño en esta nueva modalidad? Pues como un anexo de nuestras vidas apuradas. Que coma cuando pueda, lo que pueda y como pueda. Que duerma como pueda, donde pueda y cuando pueda. Es la ley de *adaptarse o morir*.

El niño se está adaptando, pero ¡a qué precio! El precio que paga es el precio de su bienestar. Palabra poco usada en esta época. Porque ¿a quién le interesa que el niño esté bien? Esta prioridad está al final de nuestra lista y, la verdad, la olvidamos. Las rutinas nos parecen cosa del pasado, son anticuadas. El padre moderno tiene mucho quehacer y el niño que se aguante.

> Es verano y hace mucho calor. Carina sale de compras con su hijita de 4 semanas de nacida y a la que sólo ha puesto un pañal. Entran al súper climatizado y la madre pone a la niña acostada en su sillita de plástico en el carrito de las compras. Se acerca a los refrigeradores de comida congelada y escoge varios productos que deposita en el carrito al lado del bebé. Al terminar de comprar salen nuevamente al calor del estacionamiento. En la noche la bebé no puede dormir porque tiene la nariz tapada y algo de fiebre.

¿Por qué tanto niño enfermo? Es bien sabido que los bebés y los niños pequeños sufren hoy más que nunca de alergias y enfermedades del oído. Se tienen que ajustar a tantos cambios de temperatura y su organismo aún no está lo suficientemente maduro. Un bebé no es un adulto pequeño. Las abuelas de antaño insistían en que el recién nacido estuviera tapado y protegido en casa. Su instinto materno las llevaba a comprender que las necesidades del niño y del adulto son diferentes. Es cierto que hoy en día, en muchos casos, es imposible dejar al bebé en casa y que las madres no tienen ayuda ni apoyo de los familiares. Pero tomar en cuenta y proteger al pequeño evita que suframos después teniendo un niño enfermo en casa.

Cuando, en nuestro esfuerzo por modernizarnos, desechamos las rutinas para comer y dormir, terminamos afectando la salud física del niño, pues come mal y duerme mal. Un niño que duerme mal y come mal es un niño infeliz: irritable, malhumorado y frustrado.

Son las 9 de la noche, Alicia está al final de una larga fila para pagar en el supermercado. Damián, de 1, año, llora desaforadamente, la madre abre un paquete de donas que le ofrece. El niño, enojado como está, avienta la dona. La señora vecina trata de simpatizar: "Pobre, ya es muy tarde y ha de estar cansado. ¡Cómo son lentos para cobrar en este supermercado! Deberían tener más cajeras". La madre, despreocupada, le contesta: "No, no puede estar cansado, se durmió toda la tarde en el coche. Este niño siempre está de mal humor".

Un niño que no duerme a sus horas y no come a sus horas, es un niño que no tiene bienestar. Su cuerpo necesita estar constantemente readaptándose a los cambios en su ambiente y eso le produce estrés. Nunca sabe qué va a comer ni cuándo. Se vuelve caprichoso pues nunca sabe qué esperar. El soporte y la seguridad que le ofrece una rutina diaria le hace falta. Muchos niños etiquetados como niños demandantes, "de mal carácter", enojones, sólo están estresados. Cuando las madres regresan a crearles una rutina de comer y dormir a sus horas y sin prisa, estos niños se transforman en niños encantadores. Muchas madres agradecen tanto este cambio en sus hijos y se dan cuenta de que el esfuerzo que hacen al cuidar la rutina de sus hijos es mínimo en comparación con los beneficios que obtienen. Un niño descansado y bien comido es un niño relajado y contento.

Preguntas para reflexionar:

- ¿Está mi hijo constantemente de mal humor, irritable y cansado? ¿Está estresado? ¿Cómo puedo ayudarlo para que esté más relajado?
- ¿Tiene una rutina para comer y dormir? ¿Tiene problemas para dormir o comer?

- ¿Tiene tiempo para jugar? ¿Tiene demasiadas actividades? ¿De cuáles actividades puede prescindir?

Padres sin tregua

Pero, ¿qué ocurre con estos padres que viven con tanta prisa y tienen tanto qué realizar, que no tienen rutinas y nunca descansan de ser padres? Porque la consecuencia de eliminar las rutinas de la vida del niño es que el padre nunca tiene un descanso. Anteriormente, a las 7 u 8 de la noche podían exhalar un suspiro de alivio: "Uff, por fin se durmieron!", mientras observaban complacidos cómo descansaban sus hijos. Sabían que entonces tenían unas horas para recargar las baterías y recuperarse del desgaste de ser padres. Eran tres o cuatro horas para relajarse y hacer cosas de adulto, para compartir con la pareja, para hablar con los amigos o simplemente ver un programa en la televisión. Eran horas sagradas en las que recuperaban su sentido de identidad: "Ah caray, no sólo soy madre, ¡también soy una persona que tiene deseos y necesidades propias!" Entraban en contacto consigo mismos. Esas horas permitían también alimentar la relación con la pareja sin interrupciones de un niño; permitían hablar y discutir libremente asuntos propios de adultos.

Pero al eliminar el orden que impone una rutina nada de esto es posible. El niño sigue siempre presente, corriendo alrededor de los padres como satélites alrededor de planetas, hasta que a las tantas de la noche todos, por agotamiento, quedan dormidos. Y si el niño duerme en la cama de los padres, como es costumbre ahora en muchas familias, el eterno recordatorio de nuestra maternidad y paternidad nos persigue hasta en nuestros sueños. La madre nunca deja de ser madre y el padre tampoco.

Como con el *fast food*, en vez de avanzar, estamos retrocediendo. Estamos regresando a dormir todos juntos como en familias que sólo disponen de una habitación. Quizá sea necesario recordar cuántos problemas de promiscuidad se dan en esas situaciones. Cuando un niño no tiene su espacio propio e invade el espacio de los padres, éstos pierden su intimidad. Aunque hay padres que se jactan de lo creativos que pueden ser para hacer el amor en distintas partes de la casa, me pregunto si esto es necesario. La pareja necesita su espacio: la recámara es una representación material de ello. El niño también lo necesita para ir consolidando desde una edad temprana, su sentido de individualidad, que se ve afectado cuando no se desprende de los padres ni siquiera cuando duerme.

El niño invade el espacio de los padres

Muchos padres se quejan de que sus hijos se pasan durante la noche a dormir a sus camas. Otros se quejan de que duermen permanentemente con ellos y están hartos. Creo que ésta es una situación que acompaña a los demás males de esta época permisiva. Para mí es un reflejo claro de ella: es la invasión total de nuestro espacio y el resultado de integrar al niño en el mundo del adulto.

¿Por qué se ha convertido esta situación en un dilema? Hace algunas décadas, ésto no era un problema común. ¿Qué ha ocurrido, que ahora parece una epidemia?

Dentro del autoritarismo los padres tenían muy claro su lugar y el de los hijos. Los espacios físicos estaban claramente delimitados, el niño era educado desde pequeño para respetarlos. A un niño no se le ocurría hurgar en la bolsa de su madre como entretenimiento, y si lo hacía no ignoraba que, de ser descubierto, lo reprenderían. El escritorio del padre era un lugar sagrado. El niño sólo exploraba a escondidas y sabiendo que corría el riesgo de ser descubierto y castigado. La recámara de los padres pertenecía sólo a la pareja y era un espacio prohibido para ellos. Si el niño estaba enfermo, como excepción, podía permitírsele dormir en el cuarto de los padres, pero todos sabían que esto era una situación pasajera. Una vez aliviado regresaría a su recámara. Los límites para el niño en este sentido eran muy claros; el niño no suplicaba quedarse todas las noches en la cama de los padres ni los padres se sentían culpables por no complacerlo.

Pero en esta época permisiva, esto ha cambiado. Ahora todo es de todos y el niño se siente con libertad de invadir cualquier espacio sin límite alguno. Es así como el niño termina en la cama de los padres, y ellos se sienten impotentes para corregir esta situación.

Aquí cabría hacernos tres preguntas. Empecemos por la primera:

1. ¿Cuál es la motivación de los padres? ¿Por qué han permitido esta situación? ¿Por qué se sienten impotentes para tomar la decisión de enviar al niño a dormir a su cama?

Suelen quejarse los padres de que los niños se pasan en la noche a su cama, pero se sienten impotentes para cambiar la situación. Convendría que revisaran su motivación. ¿Realmente quieren que su hijo duerma en su recámara? La siguiente situación se presentó en uno de mis talleres:

> Una madre se quejaba de que su niña de 3 años constantemente se pasaba a su cama en la noche. Cuando le di la primera sugerencia me dijo: "No, eso ya lo traté, pero no funcionó". A la segunda sugerencia respondió: "Eso no va de acuerdo conmigo". Después de desechar mi tercer consejo, la miré directamente a los ojos y le dije: "¿Estás segura de que quieres que tu hija deje de pasarse a tu cama?" Se sonrojó y me dijo: "¡Me acabo de dar cuenta de que no! Cuando yo era niña siempre estuve en la cama de mi mamá, y tenemos muy buena relación. Creo que tengo miedo de que si duerme en su cuarto eso vaya a afectar nuestra relación".

2. ¿Por qué algunos padres permiten que los hijos duerman con ellos?

• **Por comodidad**

Muchas madres, cuando están amamantando al bebé, encuentran muy cómodo que el bebé duerma con ellas. Les evita la molestia de tener que pararse y la madre disfruta de la cercanía de este ser que depende totalmente de ella.

La simbiosis en este momento es absoluta y ambos disfrutan del contacto físico. Pero ¿qué sucede cuando el tiempo pasa y los padres se acostumbran a tener al niño en la cama?

Si el niño duerme con los padres los primeros años de su vida, cuando tratan de desarraigarlo de su recámara para que duerman separados, encuentran clara resistencia por parte del niño. Es de entenderse. Dormir juntos ya se convirtió en un **hábito** y todos sabemos lo difícil que es romper un hábito. Esta separación la experimenta ahora el niño como un desgarramiento doloroso. Es una especie de destete, que entre más grande es el niño, resulta más difícil y doloroso.

• **Porque me produce placer**

A menudo podemos observar que los adultos disfrutan hacer cosas con los niños pequeños sin tomar en cuenta, en ningún momento, el efecto que esto puede tener en ellos. Cuántas veces hemos visto a adultos besando, apretando o abrazando a niños cuyas caras de disgusto indican claramente que les molesta. Pero el adulto nos puede argumentar que lo hace porque le da gusto, le da placer. ¿Es esto respetuoso y válido? Tratamos al niño como si fuera un objeto que está aquí para complacernos. Sus sentimientos o preferencias, ¿no cuentan?

Magda Gerber, educadora reconocida en Estados Unidos, nos da un ejemplo del respeto profundo que merece el niño. Un día se encontró con una madre que traía en brazos a su bebé y que le preguntó si quería cargarlo. Magda le respondió: "No sé, ¿el bebé quiere ser cargado por mí?"

Hay muchas vivencias que nos dan gusto como padres, como puede ser que duerman con nosotros. Sin embargo, pueden no ser lo mejor para nuestros hijos. Me puede dar un placer enorme ver a mi hijo acurrucado a mi lado en la cama, pero ¿qué es lo mejor para él? En este momento me da placer, pero ¿cuál es el resultado a largo plazo? Cuando educamos con miopía no podemos proyectar las consecuencias de lo que hoy hacemos a futuro. Pero el tiempo pasa rápido; cuando lo menos esperamos el bebé se convierte en un niño de cuatro, cinco y seis años, y vemos que cada vez le cuesta más trabajo separarse de nosotros. El niño paga el precio de mi placer y disfrute.

• **Porque no quiero que crezca**

Muchas madres que disfrutan su maternidad quisieran que sus hijos se quedaran por siempre pequeños. Sentirse necesitadas les da una razón de ser, y que el niño duerma con ellas les da gran satisfacción. No procurarle su propio espacio al niño puede ser resultado de ese deseo inconsciente de que permanezca dependiente de ella. Es ella, como madre, la que no quiere "que la deje". El niño percibe su necesidad y tampoco la quiere soltar.

Expresiones como "mi nene", "mi bebé", "mi chiquito", cuando el niño está crecido, reflejan claramente ese deseo de que no crezcan, de que se queden por siempre pequeños.

• **Porque el niño llena un hueco emocional**

> A partir de que Griselda se divorció, su hijo Rubén, de 5 años, empezó a dormir con ella. Al año de divorciada conoció a Gilberto, y después de año y medio de tratarse decidieron casarse. "Ahora que Gilberto se venga a vivir con nosotros, te tendrás que regresar a tu cama", le dice la madre al hijo. "¿Por qué?" "Pues porque ahora él va a dormir conmigo". Rubén frunce el ceño y muy enojado le contesta: "Me cae mal, ¡yo no quiero que él venga a vivir a nuestra casa!"

Esta madre se sentía sola cuando el esposo la dejó y fue cómodo para ella permitir que el niño tomara su lugar. Ella satisfizo su necesidad de compañía del momento; pero ahora que tiene nueva pareja quiere que el niño regrese a su lugar. ¿Es justo para el niño? ¿Nos sorprende que esté enojado y no quiera que este hombre forme parte de sus vidas?

Si los padres no se sienten queridos o aceptados, o se sienten inseguros o desarraigados, pueden buscar que los hijos sean los que llenen esos huecos emocionales. Los hijos responden, aunque de manera inconsciente y se sacrifican, pagan el precio. Lo hacen por el gran amor y la lealtad que sienten hacia sus padres, por su necesidad de pertenecer y de sentirse aceptados por ellos.

Los padres necesitamos, antes que nada, aprender a reconocer nuestras necesidades emocionales, y buscar ayuda para sanar nuestras heridas; aprender a querernos y a confiar en nosotros mismos, para no necesitar que el niño se convierta en un remedio para esas necesidades insatisfechas. Ninguna persona puede dar lo que no tiene. Seguiremos perpetuando eternamente la cadena de sufrimiento de la humanidad: yo utilizo a mi hijo para llenar mis huecos emocionales; pero entonces él tampoco aprende a reconocer y a atender sus propias necesidades por estar satisfaciendo las mías. Cuando se convierta en padre de familia, utilizará de la misma manera a sus hijos para llenar sus huecos emocionales, y sus hijos a los suyos, y así sucesivamente.

• **Por culpa**

En mis conferencias me encuentro a menudo con padres que dicen estar convencidos de que sus hijos deben dormir en su propia recámara, pero me platican que aun cuando le ruegan al niño que permanezca en su cuarto, invariablemente termina durmiendo con ellos. A este tipo de padres les ocasiona claras molestias esta situación, pero no tienen el valor para tomar la decisión de imponerse. El niño que ofrece resistencia a soltarlos, se da cuenta de su falta de decisión. El niño puede escuchar las órdenes de sus padres, pero percibe su falta de seguridad. Cuando a medianoche el niño le ruega al padre que lo deje dormir con él, el padre flaquea y el niño entonces confirma su sospecha de que los padres no tienen la fuerza para sostener lo que dicen.

¿Qué impide a estos padres decidirse cuando están convencidos de que es lo correcto? Muchas veces es la culpa. La culpa corroe nuestras decisiones como el ácido a un metal. En esta vida apurada en que los padres se dan cuenta de que tienen poco tiempo para los hijos, que sus vidas tan ocupadas no les permite atenderlos como quisieran, cuando tienen que negarle al niño el permiso para dormir con ellos, aparece la culpa que con voz lastimera les susurra: "¿Cómo lo mandas a su cama cuando has sido tan mal padre? ¿Acaso has estado con él durante el día? El sólo quiere estar contigo…"

De esta manera la culpa se va infiltrando en nuestros razonamientos, hasta que se apodera de ellos y nos convence de volvernos permisivos.

Mientras los padres no revisen sus propias motivaciones, la situación permanecerá igual. Las razones inconscientes –basadas quizá en el miedo a perder el cariño del hijo, a que crezca y los abandone, o en la necesidad de sentirse necesitados, en la culpa de ser malos padres, etc.– se convierten en bloqueos que no permiten a los padres tomar la decisión de transformar la situación. Entonces, aunque intelectualmente estén convencidos, en el nivel subconsciente boicotean cualquier intento de cambio. Se quedan atorados en la queja sin querer asumir su responsabilidad y culpan al niño de la situación.

3. ¿Cuál es la necesidad insatisfecha del niño? ¿Por qué necesita dormir con los padres?

Estaba de visita en casa de una amiga y su bebé de 5 meses lloraba desconsoladamente todo el día y toda la noche. Mi amiga estaba claramente agobiada de preocupación y cansancio. Observamos que tan pronto la niña parecía quedarse dormida y la madre la ponía en su cuna, se despertaba sobresaltada y volvía a llorar. Me enteré de que la pequeña había estado hospitalizada por infección intestinal y había tenido que quedarse a dormir sola varios días, pues en el hospital no permitían que los padres se quedaran a acompañarla. Recomendé que la bebé durmiera en la cama con la madre una semana, y después la pasara a su cuna, que estaría colocada al lado de la cama de los padres. Poco a poco fueron separando la cuna hasta que quedó en su propia recámara. La bebé empezó a descansar, dejó de llorar, y en algunas semanas dormía plácidamente en su cuarto.

La niña estaba angustiada por la separación repentina de los padres, y a esto hay que añadir las molestias y el miedo que puede sentir cualquier persona que ha tenido la experiencia de estar hospitalizada. Necesitaba recuperar la seguridad de tenerlos cerca para poder dormir y descansar. Una vez que se sintió segura, pudo recobrar su bienestar y su buen humor.

Entonces la pregunta clave sería:

¿Qué le está haciendo falta a este niño que insiste en dormir con los padres?

El hecho de que necesite dormir con los padres nos está diciendo, de alguna manera, que *hay una necesidad subyacente insatisfecha en el niño*. Quizá no se siente querido o aceptado, se siente inseguro, tiene miedo, o no se siente parte de la familia. Puede ser que esté estresado o esté resintiendo algún cambio. En el caso de niños mayores, ¿acaso quieren seguir siendo bebés? Si es varón, ¿quiere seguir identificado con la madre y no quiere dar el paso a identificarse con el padre?

Si el niño insiste en dormir con los padres sabemos que hay una necesidad insatisfecha que atender. Este deseo es sólo un indicador. Permitirles que duerman con los padres es sólo un paliativo que no resuelve el problema. Hay que averiguar qué le está sucediendo y tratar de atender esa necesidad, para que el niño recupere su seguridad y bienestar.

Ayudas positivas

Para parejas que aún no tienen hijos, la recomendación más sencilla que les puedo hacer es que en el primer año de vida su hijo duerma en su cuarto. Si desde bebé su cuna está en otra habitación, él entiende que ése es su lugar cuando duerme. Es cierto que implica mayor esfuerzo para la madre, pues necesita cambiar de cuarto cuando el niño la necesita, pero a la larga se evita el problema de tener que desterrarlo de la recámara de los padres. En pocas palabras, esa separación física es menos dolorosa.

Es importante comprender que es natural que todo niño, en algún momento de su desarrollo, puede sentirse especialmente vulnerable, solo, con miedo y quiera dormir con los padres. Si los padres reconocen esta situación, pero tienen también claro que es algo pasajero, pueden permitirle que duerma unos días con ellos, siempre y cuando sepan que después el niño necesita regresar a su recámara. *Cuando los padres tienen claro su lugar y el de los hijos, puede haber esta flexibilidad y veremos que no hay problema.*

Pero cuando los padres no se sienten con esa seguridad y fortaleza para poder regresar después al niño a su cama, pues saben que la culpa los hará flaquear cuando el niño suplique con cara lastimera o lo demande a gritos, les recomiendo, entonces, que no pasen al niño a la cama de ellos. Cuando el niño tiene pesadillas o está enfermo, es preferible acompañarlo en su cuarto que pasarlo al de los padres. Una enfermedad o varias noches con pesadillas han sido, muchas veces, el pretexto para que los padres ya no puedan regresar al niño a su recámara.

Eso no quiere decir que en otros momentos del día el niño no pueda disfrutar de la compañía de sus padres en la recámara y en la cama de ellos, pero le debe quedar claro que cuando es hora de dormir, cada quien se va a su cuarto. Esto permite también que los padres, cuando el niño se ha dormido, puedan disfrutar de su espacio y ser adultos libres de su paternidad por unas horas.

Para los padres que ya tienen el problema de que sus hijos se duermen de costumbre en sus camas y buscan una solución, sería conveniente que se preguntaran:

¿Por qué quiero cambiar esta situación?
¿Cuál es el mayor bien para mi hijo?

Si realmente queremos a nuestros hijos tenemos siempre que desearles el mayor bien, el bien más elevado. Este bien tiene que estar por encima de nuestros gustos o placeres personales, de nuestros miedos, resentimientos o culpas. Es decir, tenemos que depurar nuestro amor de esos contaminantes, para darles un amor más puro, que los sostenga y los ayude a crecer libres para afirmar su propia individualidad y encontrar su propio destino.

Si elijo cambiar esta situación, me debe quedar claro que la decisión no le corresponde al niño. Esta decisión es de los padres, pues sólo ellos pueden elegir lo que más le conviene. Por tanto, no es cuestión de suplicar, rogar o convencerlo. Cuando escucho a un padre decir que le ha "suplicado y rogado al niño que no se pase a su cama", me queda claro que está perdiendo su lugar de adulto al entregarle la responsabilidad al hijo.

En vez de rogar al niño hay que decirle con cariño y firmeza lo que se va a hacer. Pero esa firmeza va a depender de que los padres hayan tomado primero la decisión interna que permitirá la implantación de los cambios.

Una vez que estén decididos, sólo hasta entonces, pueden hablar con el niño, que intuirá que "ahora sí se acabó. A dormir a mi cama". Le pueden advertir antes de acostarlo:

> "Hijo, esta es tu cama, y esta es tu recámara. Esta es nuestra cama y nuestra recámara. En el día disfrutamos mucho convivir contigo y eres bienvenido a nuestro cuarto y a nuestra cama. Pero a la hora de dormir, cada quien duerme en la suya. Si te despiertas en la noche y te vienes a la nuestra, te vamos a regresar".

Eso quiere decir, una o veinte veces. El padre y la madre tienen que estar decididos, si no uno saboteará las intenciones del otro y no lograrán efectuar ningún cambio. Los padres pueden turnarse para regresar al niño a su cama. Las primeras noches podrá parecerles una danza interminable, pero si se sostienen en su decisión, acabará por acostumbrarse a dormir solo. El esfuerzo bien vale la pena, pues cada uno recupera su espacio: tanto los padres como el niño.

Las siguientes afirmaciones pueden ayudarles en este proceso:

Afirmaciones para padres que quieren recuperar su espacio

☆ *Yo tengo derecho a mi espacio. Como adulto que soy, tomo las decisiones necesarias para procurármelo.*

☆ *Yo merezco descansar y recuperarme para ser al día siguiente un padre amoroso.*

☆ *Cuando yo le procuro su espacio a mi hijo, le permito desarrollar su independencia e individualidad.*

El efecto de "El hombre lobo"

Otra consecuencia de que los padres pierdan su espacio es el efecto del doctor Jekell y Mr. Hyde, o sea, de "El hombre lobo". La madre o el padre que son un ejemplo de paciencia, que con serena calma aguantan a sus hijos, que causan la impresión de que absolutamente nada los puede turbar durante el día, de noche revientan. Como la liga que estiramos, estiramos y estiramos, hasta que, por fin, se revienta. Cuando dan las 11 de la noche y el niño no para, la madre se transforma en un monstruo histérico que dice lo imperdonable, que lastima y ofende. Termina acostándolo con gritos y nalgadas. Una vez que el niño está dormido, la madre se echa en un sillón para embriagarse con una culpa que le impide disfrutar el poco tiempo que le queda antes de dormir. A la mañana siguiente despierta con ese vago recuerdo de una noche vergonzosa que prefiere olvidar, para nuevamente complacer y soportar sin límite alguno lo que hacen sus hijos.

Es por eso que si no conocemos a estos padres en sus momentos de crisis, nos parece inconcebible que sean incapaces de alterarse. Pero hay que recordar: *el que mucho aguanta, mucho explota*. Porque estos padres que son ejemplo de paciencia y no ponen límites, que sólo complacen y están al servicio de sus hijos, están reprimiendo sus propias emociones y terminan expresándolas de manera por demás violenta y ofensiva.

> Un día los dos hijos adolescentes de una mujer que todos consideraban una santa por su impresionante tolerancia y paciencia, comentaban, riéndose, frente a ella: "¿Te acuerdas de ésa noche cuando éramos niños que mi mamá estaba muy enojada y nos sacó en pijama a la calle y cerró la puerta de la casa con llave… mientras gritaba que ya no nos soportaba?"

¡Nunca me lo hubiera imaginado! Pero es de esperarse. Hay que tener paciencia para tratar a los niños, sí, pero esta paciencia tiene que estar acompañada de límites claros basados en el respeto mutuo, es decir: te respeto pero me respetas a cambio. Esa paciencia debe reconocer que la libertad del niño termina donde comienza la mía. Si bien es cierto que un niño relajado es un niño contento, lo mismo podemos aplicar a los padres. Pero estar relajado no significa padecer una ceguera que nos vuelva irresponsables hasta el punto de permitir a los niños que hagan lo que les venga en gana.

> Celina, acompañada de su hija Melisa de 4 años, entra en una tienda de cosméticos y, para su sorpresa, se encuentra con su prima Daniela, que tiene varios años viviendo en Europa. Mientras platican, Melisa se sube en una silla y empieza a jugar con las muestras de maquillaje. La dependienta corre a quitárselas. La madre, que con el rabillo del ojo alcanza a ver que la dependienta le hace señas de que venga por su hija, se voltea disimuladamente, toma del brazo a su prima y empieza a alejarse caminando lentamente.

Ser padres 24 horas es una tarea agotadora. El mejor padre deja de serlo. Se necesita mucha energía para educar, y es por ello que los padres necesitan recargar todos los días sus baterías cuando sus hijos duermen. Si me doy un tiempo para recuperarme sin el niño y satisfago mis necesidades, disfruto y descanso, después puedo regresar a la tarea de ser padre con gusto. Como la advertencia de los sobrecargos cuando viajamos en avión: "En caso de pérdida de presión, primero deberá ponerse la mascarilla el adulto, para después colocársela al niño". Otra forma de decir lo mismo: "El adulto debe atenderse a sí mismo primero, antes de tratar de ocuparse del niño".

Podemos decir lo mismo en relación con los maestros. Hay padres que se quejan de las vacaciones escolares. Cuando les preguntas la razón, te dicen que son demasiados días para tener a sus hijos en casa, o que no comprenden por qué los maestros requieren de tantos días de descanso. Si los padres necesitan recuperarse, con igual razón lo necesitan los maestros. Las personas que planean los calendarios escolares los elaboran en oficinas muy alejadas del trabajo cotidiano con niños. Caen nuevamente en el error de creer que "más es mejor". Piensan que el aumento relativo de los días de clase va a corresponder a un mayor aprovechamiento de los alumnos. A estas personas podríamos decirles que si tomar dos cápsulas de vitaminas hace bien, ¿por qué no tomarse el frasco completo de una vez? Si "más es mejor", engullir todo de un jalón debe ser estupendo. Pensamientos lógicos que, sin embargo, carecen de verdad.

En materia de educación, estamos cambiando calidad por cantidad. Trabajar con niños requiere de toda la atención y energía del maestro. Si no se recupera debidamente podemos saber que el precio lo cobran los alumnos, que cosechan su impaciencia, intolerancia y malhumor. ¿Qué alumno aprende y aprovecha adecuadamente en un ambiente hostil y con presiones de todo tipo? El que no crea lo desgastante que es enseñar a niños y jóvenes, que dé clases a un grupo de muchachos una semana. No dije un mes, dije una semana. Con eso bastaría para entender por qué necesitan los maestros sus vacaciones de verano, así como las vacaciones y días festivos durante el año escolar. El que haga la prueba, ¡verá con qué gusto les concede esos días de descanso!

El niño con cabeza de champiñón: el intelectual

Educar en esta época permisiva significa darle al niño el mayor acervo de información lo antes posible. "Más es mejor", en toda circunstancia. Si puede leer a los siete años, por qué no tratar a los cinco; si puede a los cinco, por qué no a los dos. Y es así que llegamos a descubrir que puede leer en la cuna. Me pregunto: ¿qué puede interesarle leer a un bebé cuando aún no descubre ni su cuerpo ni el mundo que le rodea? Para los que proponen que el bebé aprenda a leer, hay que preguntarles: ¿con qué objetivo? ¿Quiénes están interesados en que aprenda a leer, ellos o el bebé? ¿Estamos educando seres humanos o entrenando monos?

¿Queremos exhibirlos para que muestren su incalculable inteligencia, que seguramente heredó de nosotros? Como quien presume de los últimos trucos que aprendió su mascota.

Es doloroso pensar que sufrimos de tanta miopía. Tenemos, como seres humanos, que regresar a replantearnos preguntas básicas: ¿qué significa ser padres? Este niño ¿es un ser que merece mi profundo respeto, o es una pertenencia que puedo utilizar y manipular a mi antojo? ¿Qué significa educar a este pequeño ser a mi cargo? ¿Cuáles son sus necesidades básicas y cómo puedo satisfacerlas adecuadamente?

Porque en este afán de llenar al niño de información para presumir su inteligencia ante el mundo, para exhibirlo como trofeo, le estamos creando un desequilibrio. Ahora el niño está lleno de información sobre la vida, pero no sabe cómo ni cuándo utilizarla. Se llena de conocimientos fríos que más que ayudarle, le estorban.

> Cuando era maestra de preescolar Beto, un niño de 4 años, me gritó desde el jardín: "Maestra, maestra, ¡corre! Sonia se cayó y se raspó la rodilla y está perdiendo miles de millones de glóbulos rojos y blancos!" Y otro día, durante el recreo, ese mismo niño se me acercó llorando y cuando le pregunté qué le sucedía, me dijo: "Es que maestra, te das cuenta de cuántas personas están sufriendo y muriendo en este momento alrededor del mundo?"

Intrigada por el dolor de este niño tan pequeño cité a los padres. Ellos me confesaron que todas las noches, en vez de contarle un cuento antes de dormir, le leían una parte de la enciclopedia para hacerlo ¡más inteligente! También los acompañaba a ver los noticiarios. Con la buena intención de que nuestros hijos sean cada vez más listos, estamos creando una nueva generación de niños champiñones, desequilibrados.

Cuando saturamos al niño de información, este conocimiento se queda atorado en su cabeza y no logra conectarse con el corazón. Conocimiento sin un corazón maduro que lo dirija se convierte en un arma peligrosa en manos de este ser en crecimiento. Basta ver lo que ocurre frecuentemente en Estados

Unidos y otros países, donde muchachos jóvenes planean asaltos y asesinatos en las escuelas. Toman la información de las películas de acción que están de moda, juegan a matar en los videojuegos y luego lo aplican a su realidad. Realidad que confunden con sus juegos.

La inteligencia del niño sin el calor del corazón lleva a los actos más crueles y despiadados. Recordemos asesinatos muy publicitados de niños en manos de otros niños que sólo repetían lo que habían visto en las caricaturas. Imitan sin entender las consecuencias. Información equivocada en corazones aún en pañales. ¿Tienen acaso ellos la culpa?

Cuando educamos al niño de manera desequilibrada crece nervioso, con falta de atención y ansioso, enfermedades que parecen epidémicas en los niños de hoy. La educación del niño pequeño necesita estar permeada de calor, es decir, deberá estar conectada con su alma, con su vida emocional. Como la pequeña planta que necesita de los rayos del sol para crecer y echar sus raíces, el niño pequeño necesita crecer envuelto en un capullo de calor. Es decir, requiere del calor físico ambiental, del calor del contacto humano y de educación también permeada con calor.

Educar con calor quiere decir tocar su corazón, enseñarle a través de la música, el arte y la imaginación. Con cantos y juegos, cuyos elementos rítmicos y musicales despiertan su alegría y gusto por vivir. Las narraciones llenas de imágenes coloridas lo llevan a desarrollar su imaginación y disfrutar de un mundo donde todo es posible. En ese mundo mágico de la fantasía, el niño es quien dirige y se puede identificar con los distintos personajes para encontrar soluciones a sus problemas y alivio a sus penas.

Además, toda la información que reciba debe relacionarse con sus emociones para que lo que aprenda tenga sentido y significado.

Joaquín, de 9 años, pregunta: "Mamá, ¿qué es sexo?" La madre nerviosa, le contesta: "Pregúntale a tu padre cuando llegue de trabajar". El niño espera impaciente hasta que escucha al padre abrir la puerta. "Papá, ¿qué es sexo?" El padre ve de reojo a su esposa que finge no escuchar y estar muy ocupada.

El padre conduce al niño a su recámara y cierra la puerta. Empieza a explicarle: "Hijo, tú sabes que nuestra perra Blanca es diferente a Bruno, el perro que tiene el vecino…"

Después de una hora, Joaquín sale del cuarto, revisa su cuaderno del colegio y saca una hoja impresa. "Pero papá, ¿cómo anoto todo eso en este cuadrito tan pequeño que dice "sexo"?

Joaquín, quería saber cómo llenar un formulario. Si la madre hubiera dialogado con él se habría dado cuenta de que la respuesta era muy sencilla.

Tenemos que conectarnos nuevamente con el niño y nuestro sentido común para saber qué información necesita, en qué cantidad y a qué edad.

Cuando el niño pregunte, recuerde: en vez de dar una larga y complicada explicación, contéstele con otra pregunta. *Averigüe exactamente cuál es su inquietud y de dónde viene.* Nuestras respuestas tienen que corresponder a las dudas y preocupaciones que surgen en su mundo infantil, un mundo muy distinto al mundo del adulto. Cuando damos más información de la que el niño pide lo saturamos y muchas veces termina más confundido. No está preparado para recibir tanta información por lo que se queda indigesto a nivel emocional.

Las escuelas entran a la competencia

Desafortunadamente las escuelas se han dejado influir en esta carrera por ser "la mejor escuela" y prometen a los padres asegurar el futuro de sus hijos. Educar, ante todo, se ha convertido en un negocio. Cuando las escuelas se jactan de ser la mejor opción, se refieren a su gran capacidad para saturar a los alumnos de mucha información, en un mínimo de tiempo y a la más corta edad.

El niño de 3 años es un pequeño ejecutivo que necesita iniciar su carrera so pena de ver afectado seriamente su futuro. Al escuchar a las madres describir la vida diaria de sus hijos, no nos sorprende que estén malhumorados, que sean infelices y groseros. El estrés infantil va en aumento constante. Si ésta fuera la solución, ¿por qué hay un incremento tan importante en niños con problemas de aprendizaje? ¿Por qué los países como Japón que más presionan a los niños tienen los índices más elevados de suicidios infantiles?

Las escuelas, apoyadas por los padres, han iniciado una carrera desmedida para ver quién puede exigirles más en menos tiempo a los alumnos. El niño empieza a ser tratado como ganso de engorda. Cabría preguntarnos: ¿por masticar más aprisa digerimos más rápido?

El precio que se paga: niños estresados, que repiten como loros lo que aprenden aunque la información sea irrelevante y no les interese, para ser olvidada a los pocos días. Los maestros viven presionados para terminar programas absurdos, mientras los padres presionan a los hijos para que estén en el cuadro de honor.

A uno de mis talleres asistió una directora de preescolar. Como el tema era el estrés en los niños, al terminar mi exposición, advertí que una madre de familia se le acercó y le comentó: "Fíjese, señora directora, que mi hija está muy desconcertada porque cuando ve el cuadro de honor, no entiende por qué no está su fotografía. ¿No cree que están demasiado pequeñas para estar en un cuadro de honor?"

Después me enteré de que la niña tenía 3 años.

Preguntémonos: ¿para quién es ese cuadro de honor y qué sentido tiene?

Maestros que se sienten presionados alteran calificaciones o ayudan a los alumnos a resolver exámenes que exige el Estado, por miedo a perder sus plazas. Para desgracia de todos, las escuelas y los padres han olvidado su primordial objetivo: educar al niño. No les interesa ni su bienestar físico ni su salud emocional. Alargan los horarios para cubrir la lista interminable de materias que logran impresionar a los padres incautos, a la vez que exigen a los niños horas interminables de tarea.

Con el acercamiento autoritario, los padres confiaban en esa sabiduría innata que iba conduciendo, con mano invisible, al niño hacia la madurez. Ahora la sociedad se ha impuesto esta tarea, pero sin la requerida reflexión. Estamos envueltos en una arrogancia que nos lleva a intervenir en procesos naturales sin la debida observación. Estamos experimentando con los niños como si fueran ratones de laboratorio.

Los psicólogos, en las escuelas, se han vuelto indispensables y no se dan abasto para auxiliar a tanto niño descontento y a tanto padre confundido. Como la medicina alópata, curamos la enfermedad, pero no atendemos la causa. Atendemos los síntomas y nos olvidamos del origen del problema. Creamos antidepresivos para nuestros hijos en vez de preguntarnos por qué están deprimidos, ¿Por qué no quieren vivir o qué les está haciendo falta?

Algunos padres se quejan, pero se sienten incapaces de nadar contra la corriente. Otros sólo despiertan cuando sus hijos entran en crisis ante tanta presión. Los problemas de aprendizaje y el síndrome de déficit de atención, nos dicen, se han convertido en una epidemia. La verdad es que muchos de estos niños sólo sufren de estrés. No pueden con tanta presión por parte de la escuela y por parte de los padres.

La maestra de Rogelio ha citado a sus padres, pues piensa que tiene problemas de atención. Rogelio tiene 9 años, es hijo único y ambos padres trabajan. La psicóloga le diagnostica síndrome de déficit de atención y recomienda tome Ritalin. La maestra, por su cuenta, pide a la madre que dedique parte de la tarde para ayudarle a hacer la tarea. La madre preocupada decide recortar sus horas de trabajo a medio tiempo, para atender a Rogelio. Tres meses después, cuando se agota el medicamento, la madre decide suspenderlo sin consultar a la psicóloga, pero continúa dedicándole la tarde completa a su hijo. Para final del año la maestra felicita a la madre por la mejora de Rogelio, que aunque no tiene las mejores calificaciones, ya se desempeña como el promedio de niños de su clase.

¿Qué curó a Rogelio, el medicamento o la atención de la madre? Hay niños que necesitan apoyo de medicamentos y no pretendo decir que todos los problemas tienen la misma solución; pero hay que reconocer que el abandono de los padres produce estrés en el niño. Esta vida apresurada que llevamos ha relegado el cuidado y atención del niño al último lugar de esta lista interminable de cosas que tenemos, los padres, por hacer. Muchos niños tienen efectivamente déficit de atención, pero es déficit de atención por parte de los padres. Carecen del alimento esencial del alma: atención. Hay niños que son felices, aunque suene contradictorio, cuando están enfermos, porque tienen a los padres a su disposición. Es el único momento en que algunos padres sueltan su prisa y sus demás quehaceres para atenderlos.

Morten, un niño de 11 años, escribe en 1998 a un periodista en Stuttgart, Alemania, una carta en la que le dice cómo ha cambiado su vida desde que está enfermo. Morten tiene una enfermedad incurable y va a morir. El periodista publica la carta que trae como respuesta una avalancha de respuestas, tanto de niños como de adultos, sobre sus preocupaciones, sus penas y enfermedades, así como muchos mensajes de amor y esperanza.

Un extracto de la carta dice:

"En el pasado probablemente te habría dicho que no me sentía muy bien o que estaba solo. Eso sentía especialmente en casa. Mamá y papá siempre tenían mucho quehacer, trabajaban y trabajaban. Soy hijo único, y la mayor parte del tiempo estaba solo. Recibía muchos regalos, ninguno de mis amigos tenía tantos como yo. Sí, claro que quería todas esas cosas. Pero hubiera preferido pasar más tiempo con ellos en casa. En la escuela me iba bastante bien, y mis papás estaban orgullosos de ello. Decían que era inteligente y que era el tipo de niño que habían querido tener. Así que halagos no me faltaron. Pero entonces me puse muy enfermo, hace como un año. Y esto es lo bueno de mi enfermedad: de repente las cosas cambiaron con mamá y papá. Estaban conmigo casi todo el tiempo, o por lo menos uno de ellos. Y me decían muy seguido cuánto me querían. Casi nunca me decían eso antes. Nunca lo había pensado mucho tampoco, pero ahora sí lo hice, después. Me di cuenta de que nunca había creído que me querían antes de mi enfermedad."*

La vida iluminó a estos padres desgraciadamente a través de una situación muy dolorosa, para ayudarlos a ver el regalo que ya tenían en sus manos: su hijo. Este niño tan pequeño no podía haber vislumbrado el alcance que tendría su carta, cuántos corazones harían un alto para revalorar lo que tienen en sus vidas.

Los que están por morir nos piden que "bailemos más despacio por la vida", so pena de descubrirnos envueltos en el aturdimiento del mundanal ruido, impedidos de escuchar el suave canto de lo significativo. Nos dicen que el ajetreo nos ha ensordecido ante las voces de nuestros hijos y los seres queridos, y nos ha hecho pensar que los momentos realmente importantes deben tener la investidura de una ocasión especial. Que al menospreciar la convivencia cotidiana, dejamos de saborear esos contactos, a veces placenteros, otras veces conflictivos, pero siempre llenos de sentido e importancia.

El alumno estresado

Si a la falta de atención de los padres le agregamos la presión absurda de muchos programas educativos, elaborados en un laboratorio por personas que no conocen ni tratan niños, el resultado es un alumno estresado que no aprende. Muchos niños con problemas de aprendizaje se curan cuando los padres empiezan a dedicarles tiempo o cuando reducimos el estrés en sus vidas. A veces la solución es eliminar las clases extras de la tarde o cambiarlos a una escuela con un sistema educativo más relajado. Mágicamente el niño se alivia.

Me llamó por larga distancia una madre preocupada:

---

* Simon Flem Devold: *Morten, 11 Jahre. Gespräche mit einem sterbenden Kind*, Stuttgart 1998.

"Rosi, mi hija Aleida de 5 años me tiene muy preocupada. Se muerde muchísimo las uñas y siempre está de mal humor. Cuando no llora por una cosa, llora por otra. Me está volviendo loca".

Esta madre vive en la ciudad de México. Cuando le pedí que me describiera el horario de su hija, me respondió lo que ya sospechaba: que en la mañana iba a la escuela y en las tardes estaba saturada de clases. Le recomendé que redujera las actividades de la tarde al mínimo y me contactara en un par de meses. Cuando me llamó, no me sorprendió que me dijera que su hija ya casi no se mordía las uñas y que estaba de mucho mejor humor. Cura sencilla: menos estrés. Resultado: niña relajada, niña feliz.

La maestra de quinto grado deja a sus alumnos la tarea de escribir un párrafo sobre lo que quieren ser cuando crezcan. Cuando recoge al día siguiente los trabajos, se sorprende al ver que Rolando lo ha resumido en una sola palabra: "¡Jubilado!"

Aunque nos puede parecer muy gracioso, este chiste resume lo que pasa con muchos niños en la actualidad. Como Rolando que, a sus escasos 11 años, ya está cansado de la vida, muchos niños, si pudieran, dirían como Mafalda: "Paren al mundo que me quiero bajar." Están cansados de vivir presionados, corriendo de clase en clase y de actividad en actividad. Les puede parecer seductora la idea de llegar a ser grandes para poder retirarse y por fin descansar.

Si observamos la situación con cuidado podemos ver que se ha creado un círculo vicioso. Los directores de escuela culpan a los padres de familia de la presión, que ha ido en aumento, en los programas educativos. Dicen que son los padres de familia quienes exigen que se les dé a sus hijos cada vez más tareas, clases y materias. Se disculpan argumentando que sólo responden a las demandas de sus clientes. Nótese, por favor, que los clientes son los padres que pagan y no los alumnos a los que atienden. Si conversa uno con los padres de familia, ellos se quejan de ser víctimas de la presión de estos sistemas escolares y se disculpan afirmando que son impotentes para poder cambiar dicha situación.

Uno culpa al otro y así ninguno de los dos se responsabiliza. El que paga el precio es el niño. Desafortunadamente son pocas las escuelas que hacen caso omiso de esta competencia desmedida y se sostienen en sus principios de educar al niño tomando en cuenta sus necesidades.

Preguntas para reflexionar:

- ¿De qué sirve un niño culto si es infeliz?
- ¿Por qué sacrificar su niñez en aras de esta competencia absurda?
- ¿Cuántos niños necesitan ser afectados antes de que tomemos conciencia de que vamos por el camino equivocado?
- ¿En manos de quién está el cambio?

El niño calificación

Rosario tiene 10 años y está en cuarto de primaria. Está citada en la dirección de la escuela, pues la acusan de haber falsificado la firma del padre en su boleta de calificaciones. Aterrada, Rosario espera en la banca la llegada de su padre, que ignora que reprobó matemáticas.

Recuerdo este incidente cuando era coordinadora del colegio. Nos sorprendió que esta niña tan pequeña hubiera intentado copiar la firma de su padre. Había seguramente dedicado un buen tiempo para practicarla. ¿Qué la llevó a hacerlo? El miedo. Miedo al castigo, al rechazo, a la desaprobación de sus padres. Esta niña tenía problemas de aprendizaje que los padres se rehusaban a aceptar.

Cuando lo que más valoramos en nuestros hijos son sus logros académicos, estamos sufriendo de ceguera. ¿Acaso es mejor el intelectual que el que tiene habilidad para relacionarse, mejor que el que tiene un corazón generoso o el que tiene talentos artísticos? ¿Quién nos asegura que sólo él tendrá éxito en la vida y se sentirá satisfecho consigo mismo? Afortunadamente han surgido trabajos como los de Howard Gardner y Thomas Armstrong, que nos hablan sobre las inteligencias múltiples del ser humano. Su trabajo nos lleva a valorar y explorar otras inteligencias aparte de las inteligencias de tipo lingüístico y tipo lógico y matemático, aunque sólo éstas sean tomadas en cuenta por la mayoría de las escuelas. ¿Por qué sólo valorar al intelectual que destaca en trabajos académicos?

"Oye, Raquel, ¿cuántos hijos tienes? ¿Cómo son?" "Pues mira, Nicole, tengo tres: un 10, un 8 y un burro, un 4. Pero, bueno, qué le vamos a hacer, no te pueden salir todos buenos!"

Algunos padres no lo dicen con estas palabras, puede que sean más educados y sutiles, pero el contenido es el mismo. Mi hijo es una calificación. Me explayo en las hazañas del brillante, me lleno la boca hablando de sus premios, reconocimientos y títulos, pero al "burro", mejor ni mencionarlo. Este niño queda excluido, ya que se le considera la vergüenza de la familia.

¿Quién nos ha hecho creer que nuestros hijos son una calificación y que pueden ser medidos y comparados? ¿Acaso es posible reducir su valor como seres humanos a un número o una letra? Cuando el niño se vuelve una calificación, los padres se valen de todos los medios para que destaque y sea el orgullo de la familia. Muchos padres utilizan premios y recompensas para lograr este objetivo.

"¿Qué crees? Mi papá me ofreció comprarme el reloj que vimos el otro día en el centro comercial, el carísimo de la vitrina, si subo mi promedio. Así que, ni modo, no voy hoy con ustedes a la fiesta porque tengo que estudiar", le dice Ernesto a su amigo por teléfono.

Ernesto tiene una idea distorsionada del porqué estudia. Cuando ofrecemos recompensas a los hijos, su atención está enfocada en el premio y no en el proceso de estudiar. Les damos la impresión de que nos hacen un favor si estudian y de que estudiar es una monserga inevitable.

Cierto día uno de mis hijos, cuando estaba en la preparatoria, me preguntó por qué a ellos nunca les había ofrecido un premio por estudiar como lo hacían los padres de sus compañeros. Le contesté: "Si yo ofreciera regalarte un automóvil caro, un Mercedes Benz convertible, último modelo (de esos que cualquier adolescente sueña con tener), y te preguntara cuánto necesito pagarte o qué necesito darte para que lo aceptes, ¿qué pensarías de mí?" Me miró asombrado y me contestó: "Pues que estás loca, no necesito que me des algo para que lo acepte".

"Entonces, ¿por qué quieres que te ofrezca algo para que aceptes el privilegio de estudiar? Estudiar es mucho más valioso que el automóvil más caro en el mercado. Un automóvil es sólo una cosa, algo material que va y viene, mientras que tu educación te va a acompañar para el resto de tu vida. Es el regalo más importante en la vida que como padres te podemos dar. ¿Necesito ofrecerte algo para que lo aceptes?"

Estudiar es un privilegio. Muchas personas que quisieran tener esa oportunidad no la tienen. Y, por qué, hay que preguntarnos, a los que sí gozan de ese privilegio además hay que rogarles para que lo aprovechen. Resulta absurdo. Cuando ofrecemos una recompensa, que podemos hábilmente disfrazar de "estímulo" como a algunos psicólogos les gusta llamarlo para que el concepto de premio parezca algo más moderno y elaborado, le damos al niño la idea de que estudiar es un mal inevitable que hay que sufrir irremediablemente. Que es tedioso, una pérdida de tiempo y que lo único que importa es la calificación. Con nuestras actitudes terminamos dándoles a nuestros hijos el siguiente mensaje:

"Hijo, como estudiar no vale la pena, por eso te ofrezco algo a cambio para que hagas el esfuerzo de aprovechar la oportunidad de aprender".

Lo que debería ser un honor, en esta época permisiva se convierte en una tarea aburrida. Enseñamos a los hijos a despreciar lo que tiene valor, lo que cuenta y los volvemos materialistas.

Por otro lado, tener que darles una recompensa a nuestros hijos no es tratarlos como seres humanos con dignidad, pues los "entrenamos" a que hagan lo que nosotros queremos sin mayor consideración. Como el perrito amaestrado al que le damos una galleta cuando hace una gracia, al joven le compramos el reloj para que apruebe y no nos haga quedar mal. O como el caballo cuando gana la carrera y le damos unas palmaditas y sus trozos de azúcar, les compramos el juguete preciado cuando sacan el primer lugar en su clase. Al hacer esto desviamos su atención y no les damos la oportunidad de que reflexionen, aprecien o consideren lo que es realmente importante. Esforzarse y sentir la satisfacción de lograr algo difícil es una experiencia que no valoran. Proponerse metas y lograrlas, sentir el orgullo de vencer sus debilidades, no tiene sentido para ellos. En una palabra, cuando ofrecemos recompensas los subestimamos, pues los tratamos como animales amaestrados cuya única finalidad es complacernos. El niño hace el esfuerzo, pero por las razones equivocadas.

Preguntas para reflexionar:

- ¿Trato a mi hijo como si fuera una calificación?
- ¿Qué es más importante para mí, la calificación o que disfrute aprender? ¿Valoro más el resultado que el proceso?
- ¿Presiono a mi hijo para que sea "el mejor de su clase"? ¿Por qué es esto importante para mí? ¿A quién estoy tratando de impresionar con los logros de mi hijo? ¿Veo a mi hijo como un trofeo?
- ¿Utilizo recompensas para estimularlo?
- ¿Qué expectativas académicas tengo de mi hijo? ¿Qué ocurrirá si no las cumple? ¿Condiciono mi amor a que cumpla con estas expectativas?

capítulo 3

El padre malvavisco

A l padre permisivo me gusta llamarlo el "padre malvavisco" porque es suave, dulzón y sin consistencia. El hijo lo siente débil, pues sabe que con un dedo lo puede perforar. En lugar de un adulto que lo guíe, el niño tiene por padre una especie de niño crecido, que lo consulta para tomar decisiones y que cede ante todos sus caprichos. El niño se da cuenta de que se está enfrentando solo al mundo. A este tipo de padre le falta espina dorsal. Si perteneciera a la clasificación de los moluscos sería un ostión. Aguado, sabroso y podemos disponer de él a nuestro antojo.

¿Por qué digo que no tiene espina dorsal el padre permisivo? Porque ha recibido tanta información psicológica y educativa sobre el daño emocional que puede causar a su hijo, que esto le ha ocasionado una especie de osteoporosis a su esqueleto, es decir, a su sentido de autoridad. Ahora se siente tan inseguro como educador, temeroso de equivocarse y herir a sus hijos que tiene pavor a tomar decisiones. Ha perdido su poder como padre y su responsabilidad la comparte o se la entrega en su totalidad al hijo.

Fui coordinadora de un colegio durante muchos años y en varias ocasiones me topé con la siguiente situación:

Al presentarse una pareja de padres de familia que querían conocer el colegio, invité a su hija de 4 años a que se meciera en los columpios mientras me entrevistaba con sus padres. Después de 45 minutos de explicación sobre el sistema educativo y de haberles mostrado las instalaciones, me dijeron: "Señora Barocio, nos ha encantado todo lo que nos ha mostrado y nos interesa mucho su colegio, pero tenemos que comentarlo con Rebequita, porque ella es la que va a decidir". Siempre pensaba: "¡Ay!, qué tonta, de haber sabido, hubiera dejado a los padres en los columpios, y hubiera entrevistado a la niña en la oficina!"

¡Por supuesto! Ofrécele a la niña unos caramelos, dale una caja de lápices de colores y la convences de que es el mejor colegio del mundo. Pero ¿con base en esto va a decidir su educación? Esta niña no tiene la madurez ni el juicio para tomar este tipo de decisión. Le podríamos dejar que decida cuál vestido quiere ponerse, pero no qué colegio le conviene. Como padres ¿por qué dejamos esta decisión tan importante en sus manos? Por miedo a equivocarnos. Si al niño no le gusta la escuela en unos meses, yo le puedo decir: "Ni modo, hijo, tú lo escogiste y ahora te aguantas". Yo me lavo las manos de la responsabilidad.

Aquí vemos cómo aparece otro elemento importante del padre malvavisco: la cobardía. Esta cobardía lleva a los padres a delegar su responsabilidad y pasársela a los hijos. He aquí otro ejemplo:

Oliver está en el videocentro e insiste en que le renten la película *Halloween*. "No mi hijo, esa película es muy fea y es para adolescentes, tú sólo tienes 9 años". Pero Oliver no sólo sigue insistiendo sino que empieza a gritar que todos sus amigos ya la vieron y que nunca lo dejan ver nada. La madre, apenada ante el escándalo, renta la película para apaciguarlo, pero le advierte: "Ay de ti donde después te estés quejando de que no puedes dormir". Esa noche, Oliver tarda mucho en dormirse e insiste en que dejen la luz prendida. A las 3:00 a.m. se despierta llorando y va al cuarto de sus padres diciendo que tiene pesadillas. "Te lo dije, pero eres terco!", le dice la madre al mismo tiempo que se arrima para que se acueste con ellos.

Los padres permisivos delegan su responsabilidad en los hijos para evitar conflicto o por miedo a imponerse y parecer autoritarios. Quieren complacer a los hijos y tenerlos contentos y más que nada temen perder su cariño. Creen que es su obligación convencerlos para que cambien de opinión y dan largas explicaciones que muchas veces terminan en súplicas y ruegos. Para el niño es claro quién tiene el poder, y quién toma finalmente las decisiones.

"Hijo, está haciendo frío afuera, hoy no conviene que te pongas pantalones cortos. Ponte tus pantalones largos con tu sudadera". La madre se baja a preparar el desayuno y al poco rato baja Toño en pantalones cortos y con una camiseta delgada. "Mi hijo, entiéndeme, estás apenas aliviándote de tu gripe y si te vas descubierto tendrás una recaída, y eso sería fatal. Acuérdate de qué grave estuviste hace unos meses; por poco y te da pulmonía. ¿Recuerdas lo que dijo el doctor Ontiveros? Es muy importante hacerle caso al doctor, mi hijo, porque..." La madre sigue su larga explicación y trata de llamar por teléfono al médico. Mientras, Toño, sin la menor intención de cambiarse de ropa, saca el helado del congelador.

El padre permisivo considera la toma de decisiones como una especie de "papa caliente" que le quema las manos, y por eso se la avienta al primero que se deja.

Roberta de 13 años quiere ir a una excursión al lago de Valsequillo. "¿Quiénes van?" "Todos, papi, todos". "No, me refiero a los adultos. Mejor pregúntale a tu madre". Roberta corre a la sala y le dice a su madre que escribe una carta: "Que si puedo ir a Valsequillo." "No estoy segura, ¿Qué no fue ahí donde se ahogó ese chamaco el año pasado? ¿Que tu papá decida". Roberta regresa nuevamente con su padre: "Mamá dice que sí, que no hay problema". Sin levantar la vista del televisor le contesta: "Bueno, si tu madre dice que sí, está bien".

Claro que el conflicto entre la pareja se inicia cuando se dan cuenta de que la hija los engañó. Roberta no es tonta y ¿la culpamos acaso de aprovecharse de este vaivén de indecisiones? ¿De este aventarse la bolita para no cargar después con las consecuencias?

Ser padres implica ser responsables. Implica arriesgarnos. Implica también correr el riesgo de equivocarnos.

Pérdida de la autoconfianza

Hace algunos años recibí esta carta en uno de mis cursos:

> Señora Barocio:
> Me permito solicitar su opinión con respecto a lo siguiente:
> Mi hijo único, de 4 años, me pidió un huevo para cuidarlo. Ambos lo pusimos en un recipiente al que acondicionamos como nido. Más tarde mi esposo lo vio en su habitación, sin calzones empollando dicho huevo. Yo no sé qué actitud tomar y por consecuencia qué decirle. Mi marido me lo comentó riendo y yo me quedé perpleja. Investigué en los programas de televisión que acostumbra ver y le pregunté si estaba trabajando en un proyecto de animales. Cuando le pregunté a su maestra, ella me dijo, tajante: "¡Aquí no!", y me citó la próxima semana en el colegio. Mi madre, que está de visita, me sugirió lo siguiente: hablar con el niño diciéndole que él es un niño, que no es un animal de los que ponen huevos y empollan, y que, por tanto, no podía conservar el huevo. Agradeceré infinitamente su ayuda.
> Mil gracias.
>
> Firma: Madre preocupada

Tanta información nos llena de dudas. Inquietudes normales y sencillas de los niños, se convierten en acertijos indescifrables. Contactar sólo el intelecto y hacer caso omiso de nuestro corazón y sentido común, nos lleva a perder la confianza como padres y nos hace elucubrar en vez de dar solución a la más sencilla de las situaciones. Distorsionamos y perdemos la perspectiva de las cosas en este afán de querer ser padres perfectos.

Las dudas, si les damos un lugar preponderante en nuestras vidas, terminan devorando nuestro sentido de autoconfianza. Nos convencen de nuestra ineptitud y paralizan nuestra voluntad.

Miedo al error: parálisis de la voluntad

Si tenemos grandes deseos de ser buenos padres, recibimos mucha información y la mezclamos con una buena dosis de miedo a equivocarnos, el resultado puede ser: parálisis. Parálisis de la voluntad. Por supuesto que ser padres da miedo. ¿Acaso no han escuchado cuántos niños hay con dificultades? Nos decimos a nosotros mismos: "Yo soy guía... ¿y si me pierdo... y si lo pierdo... y si nos perdemos?"

Me puedo equivocar al escoger la marca de lavadora, o al comprar los zapatos y no pasa nada grave. Pero equivocarme con mis hijos ¡es otra situación! Tenemos vasta información de qué pasa con los niños con problemas. Sin embargo, tener esta información en vez de volvernos más sabios ha tenido el efecto contrario. Nos ha generado tanto miedo al error que nos ha paralizado. Esta parálisis es lo que afecta tanto a los niños.

El miedo a equivocarnos es justificado y un poco de miedo nos lleva al cuestionamiento y a la reflexión. Pero si dejamos que nos invada terminamos inertes, incapaces de responder a las demandas importantes de nuestros hijos. Cuando actuamos, claro que corremos el riesgo del error, pero si nos quedamos paralizados podemos estar seguros de que los afectamos de manera negativa. Porque un niño con padres paralizados es un niño que se enfrenta solo ante el mundo con sus recursos aún inmaduros e ineficientes.

Laura tiene 11 años y empieza a desarrollarse. Cuando viene de visita la tía Ingrid le pregunta a su hermana: "¿ya le platicaste a Laura sobre la menstruación?" "Ay, no", contesta la madre, "me da pena y además no sé qué decirle". "Es preferible que tú hables con ella a que se lleve cualquier día una sorpresa y se asuste, o le digan vete a saber qué sarta de tonterías las amigas. Hay muchos libros que te pueden ayudar. Si quieres te recomiendo algunos". "Sí, claro", contesta en voz baja la madre, nada convencida. Cuando Ingrid se retira, la madre hace caso omiso de la conversación con su hermana. Se consuela pensando que seguramente algo le dirán a su hija en el colegio, y que al cabo, con ella de eso tampoco habló su madre.

Esta parálisis parece una enfermedad contagiosa que ya afecta a gran parte de la población. Ante la duda ¡mejor hacer nada!

Han organizado una convivencia las cinco familias vecinas en la casa de la familia Rojas. Las madres están ocupadas sirviendo la comida, los padres se encargan de preparar las bebidas, mientras los niños juegan alrededor de la alberca. "Los niños están tirando cosas a la alberca", le dice Araceli a su amiga Patricia. "Ay, Dios, qué niños…", le contesta sin levantar la vista mientras sigue sirviendo los platos. Diez minutos después escuchan el grito de uno de los padres: "¿Qué, están locos? ¿Cómo se les ocurre hacer eso?" Los niños habían tirado el triciclo y los platos con comida a la alberca.

Cuando el niño ve que sus padres no reaccionan ¿qué hace? Pues se aprovecha de la situación para hacer lo que quiere. Así se inicia una nueva modalidad: los niños toman la delantera y los padres son quienes los siguen.

Las siguientes afirmaciones los pueden ayudar a recuperar su fuerza.

Afirmaciones para fortalecer la voluntad

☆ *Elijo recuperar mi sentido de autoridad a través de tomar decisiones conscientes.*

☆ *Hago a un lado mi miedo para guiar a mi hijo con confianza y decisión.*

Miedo a la pérdida del amor

Los padres permisivos viven con un fantasma que los persigue: el temor a perder el amor de sus hijos. Los padres de antaño no conocían este miedo. Regañaban, castigaban y hasta golpeaban, pero en ningún momento se cuestionaban esta posibilidad. Tenían muy claro que su tarea no era complacer ni dar gusto, era educar. Aunque su visión de lo que significaba educar era muy limitada, el miedo a perder el cariño de sus hijos no los atormentaba. Los hijos eran los hijos, y su deber era querer a sus padres, fueran como fueran, buenos o malos. Este amor se daba por hecho, sin lugar a cuestionamientos.

Los padres de hoy viven algo muy distinto. Pareciera como que tienen un vacío emocional que necesitan llenar con el amor que reciben de sus hijos. Como si este amor les diera una razón de ser, de existir. Pero este amor, contaminado de miedo, los vuelve dependientes y temerosos, los detiene y los hace titubear cuando es necesario contradecir o limitar. En pocas palabras, parece debilitarlos.

"¡Te odio, te odio!", le grita Édgar de 5 años a su madre mientras le pega con los puños cerrados. "Hijo, por Dios, entiende, no traigo dinero para comprarte lo que quieres…" "¡Te digo que te odio, nunca más te voy a volver a querer!" La madre con cara angustiada trata de calmarlo: "Tranquilízate, hijo, no me escupas. Yo sí te quiero y siempre te voy a querer". Con el ceño fruncido Édgar le repite: "Pero yo noooo, te odio!"

La madre lo arrastra al coche y se dirige a un banco para sacar dinero, mientras le sigue reiterando su amor.

Si esta madre se ubica como adulto en esta situación, puede entender que el niño está enojado y que efectivamente, en este momento, porque no le dio gusto, la detesta. Pero también comprenderá que su rabia es pasajera y después el amor regresará nuevamente a su lugar. El verdadero amor de los hijos por los padres surge del respeto que sienten por ellos, respeto que necesitan ganarse los padres a través de su firmeza y de sostenerse en lo que creen correcto. Si la madre en vez de ir al banco a satisfacer el capricho de Édgar, se mantiene firme y le pone un límite, aunque el niño no la aprecie en ese momento, con el tiempo cambiará su actitud. A futuro comprenderá por qué no cedía ante sus caprichos y nacerá, dentro de él, el respeto por su madre.

Pero si la madre se comporta como niña y no como adulto, entonces tiene miedo de que sea cierta la amenaza de su hijo, de que nunca más volverá a quererla. Este temor es el que la lleva al banco por el dinero y después a comprar lo que el niño quiere. Probablemente es el niño que existe dentro de cada uno de nosotros el que se siente en peligro cuando nuestros hijos amenazan con dejar de querernos. Hay que reconocerlo y entender su miedo, pero ubicarlo después en su lugar y darle la bienvenida al adulto dentro de nosotros.

El amor siempre viene acompañado del miedo a la pérdida, eso es indudable. Entre más queremos más miedo tenemos a perder el objeto de nuestro amor. Entre mayor es el amor, mayor es el temor. Entonces, la pregunta que surge es: ¿puedo dejar que este temor invada mi vida y contamine mi amor? ¿Puedo dejar que ese miedo me detenga cuando sé que tengo que decir "¡no!" a mi hijo? ¿Cuando tengo que educar en vez de complacer? ¿Cuando debo sostenerme en vez de flaquear?

¿Qué elijo ser frente a mi hijo, un adulto o un niño?

Tenemos que escoger entre recibir de nuestros hijos un amor manipulador, o un amor basado en el respeto. El primero tiene como amigos a la dependencia, el capricho, la culpa y el chantaje. El segundo la libertad, la responsabilidad, la congruencia y la integridad. ¿Cuál preferimos?

Les ofrezco estas afirmaciones para ayudar a fortalecerlos como padres.

Afirmaciones para padres que temen perder el amor de los hijos

☆ *Soy humano y me puedo equivocar y aun así el amor jamás me será retirado.*

☆ *Merezco y tengo todo el amor que deseo.*

Afirmaciones para padres inseguros

☆ *Me relajo y confío en mi sabiduría interna para guiar a mis hijos.*

☆ *Confío en mis habilidades para guiar de manera respetuosa a mi hijo.*

☆ *Confío en mi habilidad de contactar y satisfacer las necesidades de mi hijo.*

☆ *Confío en el proceso de la vida.*

El nuevo triángulo amoroso: la madre, el padre y la culpa

En esta época permisiva, el matrimonio cuenta ahora con un nuevo miembro: *la culpa*. La culpa se ha inmiscuido en las familias con gran éxito, tanto que el padre como la madre conviven armoniosamente con ella.

- Si el padre quiere ponerle un límite al hijo que está tirando la comida, la culpa interviene y le aconseja: "Sólo está jugando, ¿quieres provocar un enfrentamiento?"
- Si la madre no quiere darle un permiso a la hija de 12 años porque le parece riesgoso, la culpa le susurra: "¿Quieres verla triste y enojada?"
- Si el padre quiere exigirle al hijo que deje de gritar e insultar, la culpa le recuerda: "Se está expresando ¿lo quieres traumar?"

¿Pero cuándo le dimos la bienvenida en nuestras casas a la culpa? Cuando nos dimos cuenta de que nuestras actitudes pueden dañar emocionalmente a nuestros hijos. Cuando descubrimos que nuestras vidas apresuradas no nos permitían realmente atender sus necesidades. Cuando nos vimos envueltos en el torbellino de actividades que no nos permiten realmente "estar" con ellos. Cuando nos dimos cuenta de que son nuestra prioridad, pero sólo de palabra.

El padre recoge a Uriel, su hijo de 10 años, en casa de su ex esposa. "¿Qué pasó, papá? Se te hizo tarde otra vez. ¿Por qué no veniste la semana pasada? Mi mamá dice que no le has dado el dinero de la colegiatura". El padre besa al hijo sin verlo a los ojos, al mismo tiempo que le pregunta: "¿Adónde quieres que te lleve a comer?" "Llévame al centro comercial ¿me compras los tenis que te enseñé la otra vez?"

El automóvil cuenta con tres pasajeros, el padre, Uriel y *la culpa* que está sentada entre los dos. ¡Claro que el padre le compra los tenis! Eso mantendrá a la culpa callada por un rato.

La madre llega a casa cargada de bolsas de comida. Exhausta, las coloca sobre la mesa de cocina y de reojo alcanza a ver que el sofá de la sala tiene sobras de comida, envases de refresco y ropa que dejaron sus hijos. "Niños, vengan a recoger la sala", grita la madre. Pero en ese momento aprovecha la culpa para hablarle al oído: "¿Cómo? No los has visto en todo el día y lo primero que vas a hacer es regañarlos?" La madre deja de insistirles y resignada empieza a limpiar la sala.

La culpa tiene agarrados a los padres permisivos del pescuezo. Al darse cuenta de lo que no están dando a sus hijos, la culpa invade sus vidas y no les permite decir "no", ser firmes o poner límites. Hay que recordar que la culpa es enojo reprimido contra nosotros mismos. Enojo que al no ser reconocido, se transforma en culpa, en vez de remordimiento, que nos permitiría responsabilizarnos de la situación (recomiendo escuchar mi casete "Eliminando la culpa").

A continuación, unas afirmaciones que les pueden ayudar a mantener la culpa a distancia.

Afirmaciones para padres que tienen dificultad para poner límites

☆ *Yo pongo límites de manera respetuosa a mi hijo cuando lo considero necesario.*

☆ *Tomo con valor la responsabilidad de poner límites a mi hijo.*

El padre adolescente

He conocido a algunos padres que se jactan de ser los mejores amigos de sus hijos. Estos padres han desechado el papel paterno para convertirse en sus compañeros. Para que no los vayan a confundir con un "padre", pues temen parecer autoritarios o ser la autoridad, se visten y se comportan como adolescentes. Este tipo de padre encanta a los amigos de los hijos, que con envidia quisieran uno igual. Pero si preguntamos a sus propios hijos seguramente nos dirán que sus padres les parecen ridículos.

"Oye, Ernestina, ¿ésa es tu mamá? Está guapísima, se ve muy joven." Con aparente enfado y sin levantar la vista le contesta: "Sí, es mi mamá, se siente quinceañera. Se pone mi ropa y le coquetea a mis amigos".

Un adolescente no quiere a un padre disfrazado de otro adolescente que compita en inmadurez con él. El adolescente necesita a un adulto que tome en serio su papel y lo guíe en estos años difíciles de crecimiento.

Pero, ¿por qué querer ser amigo de nuestros hijos cuando podemos ser sus padres? Los que ya tenemos cierta edad sabemos cuántos amigos van y vienen en el transcurso de nuestras vidas. Muchas veces cambiamos de amigos cuando cambian nuestros intereses y son pocos los amigos de los que podemos decir con toda sinceridad: "han sido mis amigos toda la vida". Ser padre es ocupar un lugar especial en la vida del hijo, es un lugar único. Podemos ocupar ese lugar con orgullo, sabiendo que tenemos una responsabilidad que cumplir. Ser padre significa muchas cosas, pero entre ellas saber que me toca guiar con profundo respeto a este niño y joven en estas etapas trascendentes de su vida. Que no necesito ser perfecto, pero que sí tengo que dar mi mejor esfuerzo y lo mejor de mí mismo.

En resumen, los padres permisivos:

- Se sienten inseguros como padres
- Temen equivocarse y lastimar a sus hijos
- Se sienten impotentes ante la rabia y descontento del niño
- Minimizan los problemas
- Evitan a toda costa el conflicto
- Delegan su responsabilidad
- Quieren ser "buena onda"
- Complacen para "llevar la fiesta en paz"
- Ceden ante el miedo a perder el cariño de sus hijos
- Se sienten culpables si les ponen límites o no los complacen

Afirmaciones para padres permisivos

☆ *Tomo con orgullo y responsabilidad mi lugar de padre/madre.*

☆ *Tomo las decisiones que me corresponden para guiar amorosamente a mi hijo/a.*

☆ *Tengo la sabiduría y la fuerza para poder educar a mi hijo/a.*

El maestro pierde su autoridad

No hace más de cien años, el maestro ocupaba una posición en la sociedad de la misma importancia y envergadura que el sacerdote y los gobernantes. La palabra maestro era pronunciada con orgullo y respeto. Cuando se refería uno al "maestro", el tono de voz cambiaba indicando aprecio por su persona. El maestro tenía dignidad.

Pero ¡cómo ha cambiado la situación del maestro! De tener una posición reconocida y de prestigio, ahora el de maestro, especialmente el de preescolar y primaria, es de los trabajos peor pagados en la mayoría de los países, indicador de la poca estima en que tenemos a esa profesión. El maestro ha perdido su traje de gala, ha perdido su dignidad para convertirse en algunas escuelas en casi un sirviente de los alumnos. Para mi desgracia me ha tocado observar, por mi trabajo, cómo el maestro se subordina a los alumnos, debido a la permisividad de los padres, quienes al consentir a los hijos y querer complacerlos minan la autoridad del maestro. Quieren que el maestro sea como ellos: suave, dulzón y sin consistencia. Quieren un maestro malvavisco.

Los padres permisivos mienten para proteger al hijo cuando no hace la tarea o no cumple con sus obligaciones, lo disculpan si falta el respeto a sus compañeros, contradicen o ignoran las llamadas de atención de los maestros. Si el maestro regaña al alumno, el niño se queja con el padre que al día siguiente se presenta a reclamarle. Lo llama injusto, poco comprensivo y amenaza con acusarlo con el director. Los maestros, por evitarse conflictos, tienen cuidado de no contradecir nuevamente al alumno. Se doblegan y dejan de poner límites, aunque saben que son necesarios, por evitarse problemas con los padres.

Acompañando a una maestra en su viaje de fin de año de sexto grado, me tocó presenciar lo siguiente:

Estábamos en el hotel cuando la maestra del grupo descubrió que Cecilia, una de sus alumnas, había traído un celular. Le recordó que en el reglamento del viaje estaba estipulado que no podían traer celulares y le pidió que se lo entregara. Cecilia empezó a llorar y a gritar, los alumnos se aglomeraron a su alrededor. Cuando la maestra insistió en que se lo entregara, Cecilia gritó aún más fuerte a la vez que abrazaba su bolsa. Ante el escándalo de la alumna, la maestra dejó de insistir y nos retiramos a nuestra habitación.

Al poco rato sonó el teléfono. Era la madre de Cecilia que le reclamaba el maltrato hacia su hija. Cecilia le había llamado por el celular y la había acusado.

El siguiente año escolar, la madre hizo circular una carta entre los padres en donde culpaba a la maestra de daños emocionales de su hija.

Con el apoyo de los padres, los alumnos van adquiriendo cada vez más fuerza, y los maestros pierden su lugar.

Un grupo de padres está reunido a la salida del colegio comentando el viaje al campamento de fin de cursos, mientras la maestra termina de entregar unas notas a algunos alumnos. Una madre comenta: "Yo no sé si mi hijo Gustavo va a ir al viaje". "¿Por qué?", preguntan sorprendidos al unísono los demás padres. "Porque dice que no confía en los dos maestros que los van a cuidar". La maestra del grupo levanta la vista al sentirse aludida. Otra madre responde: "Ay, dile que no se preocupe, que van a estar los guías del campamento".

Aquí la pregunta sería: si el alumno no confía ¿acaso están confiando los padres? Las actitudes de los padres se contagian a los hijos. Si los hijos dudan, pero los padres confían, los padres ubican al niño. Pero si el niño duda y el padre lo apoya, ¿dónde queda la autoridad del maestro? ¿Qué puede aprender un alumno de un maestro en el que no confía? Cuando un alumno escucha a los padres insultar al maestro o decir que es un inepto o estúpido, ¿qué respeto le puede tener al día siguiente en clases? Cuando la confianza se ha perdido, es preferible que el alumno cambie de escuela.

Cuando minimizamos la autoridad del maestro, minamos para el niño el respeto a la autoridad en general. El niño se vuelve prepotente, grosero y cínico. Los maestros dejan de ser maestros, para convertirse en cuidadores al servicio de ellos. Los padres los tratan como nanas a sueldo, cuyo trabajo es complacer y entretener a sus hijos.

Los maestros también tienen su parte en este cambio. Creamos nuestra realidad de manera directa a través de nuestras elecciones y decisiones, o de manera indirecta, al permitir ciertas situaciones. Así como una mujer que es víctima del esposo que la golpea puede negarse a aceptar su codependencia, es decir, su participación pasiva al permitir esta situación, de igual manera los maestros pueden culpar a la sociedad por la situación injusta en que se encuentran, sin ver su responsabilidad. El maestro que permite que lo maltraten o lo humillen, hiere su autoestima y pierde el contacto con la esencia de su vocación para convertir su trabajo en un quehacer rutinario, desposeído de entusiasmo y entrega. Olvida que tiene la misión más elevada: educar al niño para convertirlo en hombre. Hombre en toda la extensión de la palabra. Olvida que sus actitudes y enseñanzas se graban en el alma del niño y marcan su crecimiento. Cuando pierde de vista el porqué de su trabajo, el maestro se despoja de su sentido de dignidad y deja de educar para entonces sólo enseñar. Se convierte en aquello que algunos padres, en su ignorancia, buscan: ser únicamente transmisores de información y cuidadores de sus alumnos.

Cuando el maestro recupere el sentido de su trabajo y su sentido de valor, la sociedad le corresponderá reconociendo la importancia de su posición. Uno como reflejo del otro.

Afirmaciones para maestros

☆ *Reconozco la importancia y responsabilidad de mi trabajo como maestro.*

☆ *Asumo mi trabajo de maestro con dignidad, responsabilidad y entusiasmo.*

☆ *Como maestro tengo dignidad y merezco ser respetado.*

☆ *Con mi ejemplo soy una inspiración para mis alumnos.*

☆ *Elijo educar a mis alumnos con profundo respeto.*

capítulo 4

El hijo demandante

Veamos ahora a los hijos de los padres permisivos. Uno pensaría que estos niños que reciben todo, que se les consiente en todo, serán niños contentos, satisfechos, agradecidos. Sin embargo nos encontramos ante la triste realidad de que no es así. Los hijos de los padres permisivos crecen sin estructura, caprichosos, demandantes e insatisfechos. Tienen un nivel muy bajo de tolerancia a la frustración, pues no soportan una negación o que se les contradiga. Quieren siempre salirse con la suya y no tienen ninguna consideración por los demás. Para ellos, el mundo gira alrededor de sus deseos e intereses. En resumen: son niños muy egoístas y muy poco simpáticos.

El síndrome del niño consentido

Estos niños sufren de lo que llamo "síndrome del niño consentido", que podríamos abreviar SNC. Este síndrome es una enfermedad cuyos síntomas son difíciles de descubrir por los padres del niño afectado, pero es fácil de reconocerse en niños ajenos. Como me gusta decir en mis talleres, imagínense que nos colocan con los ojos vendados a 10 centímetros de distancia de una fotografía que mide tres metros de ancho por tres metros de altura. Si al quitarnos la venda nos preguntan sobre su contenido, tendríamos que decir que sólo vemos puntitos y no reconocemos ninguna imagen. Pero si damos tres pasos atrás, con toda facilidad distinguimos el paisaje y sus detalles.

A nuestros hijos los tenemos tan cerca que no podemos, muchas veces, saber cuáles son ni de dónde provienen sus dificultades o problemas. Pero el vecino, que no tiene la misma liga emocional que nosotros y está, como quien dice, a cierta distancia emocional de ellos, los puede apreciar con objetividad.

Como escuché una vez decir en broma:

> La solución para que no hubiera niños malcriados en el mundo sería que intercambiáramos hijos. Todos sabemos cómo deberíamos educar a los hijos del vecino.

A continuación les presento varios ejemplos:

> "Oye, comadre, ya no sé qué hacer con Blanca. No tenía con quién dejarla hoy en casa y la llevé al banco, hubieras visto el berrinche que me hizo. Después fui al supermercado, le compré un helado y unos lápices de colores, pero se puso como loca porque quería la caja de 36 colores". "Comadre, lo que pasa es que la tienes muy consentida". La madre de Blanca la mira con cara sorprendida: "¿Consentida, comadre? ¿De veras crees que la tengo muy consentida?"

La madre de Blanca no finge su sorpresa. Verdaderamente no se le ha ocurrido que su hija pueda tener SNC. Reconocer que nuestros hijos sufren de SNC, para muchos padres significa que han fallado como educadores. Aunque hay que agregar, para otros puede ser motivo de orgullo.

> Samantha ha invitado a dos amigas a tomar café en su casa. Cuando están a punto de servir el pastel aparece Tamara, de 4 años, que entra del jardín corriendo y casi tira el pastel. Las amigas ven con horror cómo Tamara mete sus dedos con tierra en la crema del pastel. "No, Tamara, el pastel es para las visitas." Después, con el dedo chupado, recorre la orilla del platón recogiendo todo el merengue. "Mi vida, a la gente no le gusta comer pastel chupado, ven te voy a servir un pedazo". Tamara se reclina en el sofá mientras la invitada discretamente se hace a un lado para evitar sus manos sucias. Tamara se sienta en el suelo y come el pastel ensuciando todo lo que la rodea. Cuando se retira, su madre les dice orgullosamente: "Ya me han dicho que la

tengo muy consentida, pero como es mi chiquita, no puedo evitarlo. La quiero disfrutar al máximo!" Las invitadas intercambian miradas y siguen comiendo en silencio.

Como esta enfermedad afecta a todos los niños de padres permisivos, aunque en diferentes grados, vale la pena revisar los síntomas.

Síntomas del síndrome del niño consentido

Aunque piense que su hijo no sufre de esta enfermedad, no está de más revisar la siguiente lista:

- *Demandantes y egoístas.* Sus deseos siempre son más importantes que los de los demás. Se sienten especiales y mejores. Son los únicos que cuentan y quieren atención constante. No les gusta compartir esa atención con otros y no pueden esperar.

  "La maestra no me quiere", se queja Omar con su madre a la salida del colegio. "A mí nunca me llama. Sólo le hace caso a los demás". La madre con el ceño fruncido busca a la maestra en el patio de la escuela. Ella la ve venir y trata de esconderse mientras le comenta entre dientes a su colega: "Ay ¡no!, ahí viene otra vez la mamá de Omar para quejarse de que no le hago caso a su hijito. ¿No entiende que tengo 25 alumnos y no es el único? Sabrás que no sabe marchar, pero ¡insiste en que lo ponga en la escolta!"

- *Caprichosos y berrinchudos.* Quieren que se satisfagan sus deseos instantáneamente y no toman en cuenta a nadie. Cuando no se les complace, se enojan, gritan, se vuelven groseros o hacen berrinches.

  Mamá va al supermercado con Agustín de 3 años. Cuando pasan por la sección de juguetes pide que le compre un muñeco de plástico, de los héroes de las caricaturas. La madre accede y Agustín se entretiene jugando mientras ella escoge la verdura. Cuando van hacia las cajas para pagar, Agustín corre y toma tres muñecos más. La madre se los quita y le dice que sólo trae dinero para comprar uno. Agustín empieza a dar de gritos y se tira al piso. La madre apenada se acerca a la caja y saca su tarjeta de crédito. Agustín deja de llorar mientras mira complacido sus nuevos juguetes.

- *Antipáticos.* Cansan, fastidian y hartan a los que los rodean. Sólo los padres de estos niños suelen ignorar este hecho.

Los tíos han venido a una boda a la ciudad de Houston y su sobrino, que tiene dos hijos, los ha venido a recoger al aeropuerto. Una vez guardado el equipaje y sentados en el automóvil, Bernardo, el hijo de 5 años, decide que no quiere subirse. El padre pacientemente trata de convencerlo: "Tus tíos tienen mucho calor, pues la temperatura está a 100°, por favor, sé razonable, se pueden deshidratar, además vienen muy cansados después del viaje tan largo…" Los tíos cruzan miradas y tratan de ocultar primero su asombro, después su enojo y exasperación. Después de cinco minutos de negociaciones, el niño finalmente "les hace el favor" y accede a subir al coche.

Camino a casa los tíos piden pasar a un centro comercial, pues quieren comprar un regalo para los novios. El sobrino entra con Bernardo a una tienda de juguetes, para hacer tiempo mientras esperan a los tíos. Una vez comprado el regalo, los tíos los alcanzan en la juguetería; pero Bernardo no quiere retirarse. Nuevamente empiezan las negociaciones: "Hijo, tenemos que irnos a casa, pues se nos hace tarde para la boda. Te prometo que mañana te traigo y te quedas el tiempo que gustes…" Después de 15 minutos de tratar por todos lo medios de convencerlo, el tío se acerca y le dice: "¡Te vamos a dejar!" El niño calmado y con aplomo, le responde: "No, no me dejan".

Cuando no lo escuchan, el tío le comenta a su esposa: "Táchalo de nuestra agenda. Mi sobrino será un encanto, pero ¡no quiero volver a verlo hasta que se case su condenado hijo!"

- *Tienen dificultad para relacionarse.* No se adaptan fácilmente a los juegos de los demás. Se enojan y se retiran si no los complacen los demás niños. No aceptan perder.

Durante el recreo, la maestra de segundo de primaria manda llamar a Karla y Ariana. "Camila está llorando porque no le hacen caso, ¿me pueden decir qué está pasando?" Las dos niñas se ven de reojo y tratan de hablar al mismo tiempo. "Una por una, ¿por qué no quieren incluirla en sus juegos? Ya me habló su mamá y dice que Camila está muy preocupada porque no tiene amigas y se rehúsa a venir al colegio". "Es que se siente princesa", dice Karla. "Y si no hacemos lo que ella quiere se enoja. Siempre quiere mandar", agrega Ariana.

- *Envidiosos e insatisfechos.* Son envidiosos, celosos y tienen dificultad para compartir. Siempre quieren más y nada parece ser suficiente. Resulta increíble que entre más se esfuerzan los padres por darles gusto y entre más cosas les compran, más infelices parecen estar.

Es Navidad y los tíos, primos y abuelos están reunidos alrededor del árbol abriendo los regalos de los niños. Arturo de 6 años recibe para su regocijo el conejo que pidió. Su primo Tomás, con los brazos llenos de juguetes, lo mira con envidia y le dice: "Véndemelo, te lo compro". "No, es mío", le contesta Arturo, mientras mete al conejo en su jaula para sacarlo al jardín. Una hora más tarde, sale Tomás y pensando que nadie lo ve, se orina sobre el conejo. Cuando Arturo lo acusa, la madre de Tomás rápidamente sale en su defensa.

- *Descontentos y malhumorados.* A pesar de que los padres tratan de complacerlos, siempre tienen motivos para estar molestos y de mal humor. Entre más les dan, peor se portan. Los padres caen en la trampa de pensar que si logran complacerlos en todos sus caprichos, por fin serán felices.

Marcela está encerrada en su cuarto cuando llega su tía Noemí. Después de mucho insistir por fin le abre la puerta. "Qué te pasa, Marcela, me imaginé que estabas encantada de ir a Disneylandia con tus primos". "Yo no quiero compartir el cuarto con Jessica ¡me cae mal!" La tía se sienta en la cama y con voz suave le dice: "Pero recuerda que estarás todo el día en Disneylandia y sólo llegarás al hotel para dormir". "¡No importa! ¡No quiero dormir con ella, o me consiguen otro cuarto o no voy!"

Cuando la tía regresa al comedor encuentra a la madre llamando al hotel para reservar otro cuarto para Marcela.

- *Flojos.* Estos niños dependen de otros para que se les haga todo. Están acostumbrados a recibir, mas no a dar. Los adultos complacientes que los rodean están constantemente a su servicio. Cuando no están en familia tienen dificultades para adaptarse socialmente, pues no entienden por qué no tienen los mismos privilegios que en su casa.

La familia está reunida para la comida de Navidad. Las tías y la madre apuradas preparan los últimos detalles de la cena. Han trabajado varios días y han tenido una ardua tarea para tener listos todos los platillos tradicionales. El padre saca la bebida y la abuela termina de arreglar la mesa. Cuando todo está listo llaman a los niños que se entretienen en el patio. Despiertan a Alexis de 16 años, que por haberse desvelado la noche anterior, en una fiesta, ha dormido todo el día. Al terminar la cena la madre pide a Alexis que por favor recoja los platos. "Pero, ¿por qué a mí me toca hacer tooooodo el trabajo?", rezonga Alexis, enojada.

¿Será que es cierto el dicho: *De padres trabajadores, hijos cansados?*

- *Apáticos.* Su interés por las cosas es sólo momentáneo. En poco tiempo pasan al aburrimiento y al total desinterés por las cosas. Un momento quieren una cosa, otro momento otra. Pero no sienten pasión o entusiasmo por nada.

Sabrina está en clase de manualidades en sexto de primaria. La maestra les ha repartido unas cajitas para que las adornen con chaquira, como regalo de día de las madres. Sabrina empieza a colocar la chaquira, pero a los diez minutos se fastidia y le dice a la maestra que su caja ya no le gustó y que quiere empezar otra. La maestra le explica que no puede darle otra caja y que tiene que terminarla. De mal modo Sabrina le quita la chaquira y le dice que quiere nuevas. La maestra le dice que debe limpiarlas para volverlas a usar. Sabrina se regresa a su lugar furiosa y le dice a sus compañeras que la maestra es una estúpida, y que le va decir a su papá para que la corran. Se cruza de brazos y no deja de quejarse, mientras su compañeros terminan sus trabajos.

Menciono la apatía al final, no porque sea la menos importante, sino al contrario, porque es la que merece mayor atención. Pensamos que el odio es el opuesto del amor, pero no es así. Amar y odiar son emociones muy intensas, si somos capaces de uno, somos también capaces del otro. Sólo podemos odiar al que también podemos amar. Son emociones distintas, polarizadas, pero que pertenecen a la misma familia.

La apatía es la negación de nuestras emociones, es el desierto. Es el fuego apagado, el alma adormecida. El apático tiene desinterés por la vida porque habita una especie de limbo, en donde la pasión ha sido desterrada y donde el entusiasmo es desconocido. Nada merece su esfuerzo y se arrastra por la vida. Vive despierto dormido.

Alfredo, de 20 años, está viviendo desde hace seis meses en un departamento en París. El padre decidió mandarlo a aprender francés después de ofrecer pagarle cualquier universidad en cualquier parte del mundo. Pero a Alfredo lo único que le interesa es ver televisión y hacer nada. Cuando lo llaman por teléfono algunos de sus compañeros de preparatoria que están viajando por Europa, el padre los invita a pasar unos días con Alfredo con el propósito de que le contagien sus ganas de viajar y estudiar. Para desgracia del padre, la semana siguiente descubre que ni siquiera ha asistido a los cursos de francés en que se inscribió.

Enfermedad de nuestros tiempos: la apatía

¿Qué futuro le espera a la humanidad si los niños pasan a la juventud y después a la adultez empapados en esta apatía, buscando siempre lo más fácil, lo más cómodo, lo intrascendente, sin verdaderos sueños que los impulsen a crecer, a querer ser más, a contribuir con la sociedad a la que pertenecen? ¿Si su idea de vivir intensamente es drogarse o alcoholizarse, o hacer locuras que les den una descarga de adrenalina para recordar que existen? Si estos niños apáticos de hoy son los adultos del mañana, el futuro del mundo peligra.

¿Qué causa esta apatía en los niños

- ### La sobreestimulación

La apatía surge como defensa ante la sobreestimulación. El niño que desde muy pequeño necesita adaptarse a un ambiente lleno de ruido, estimulación visual y continuos cambios, compensa poniendo una barrera protectora.

> Esta escena me tocó observarla en la boda de una amiga. La comida se inició al mediodía en una enorme sala de banquetes, pues eran más de 600 los invitados. La banda tocaba música electrónica de moda y era difícil conversar por lo elevado del volumen. Una madre joven llegó con su bebé de 9 meses. El bebé pasaba de brazos en brazos, pues todos los parientes querían cargarlo. A ratos sonreía, a ratos lloraba, mientras con la mirada buscaba desconcertado a su madre. Entre tanto ruido, casi no se distinguía su llanto. Cuando agotado se quedó dormido, en brazos de un pariente, lo acostaron sobre algunos abrigos en el suelo, pegado a la pared. Así durmió y despertó y volvió a dormir y despertar hasta las 4:00 a.m., cuando nos retiramos de la fiesta.
>
> Esperando que nos trajeran los automóviles, escuché a la madre decirle orgullosamente a su amiga: "¿Viste qué contento estuvo? ¡El bebé la pasó bomba!"

Si este bebé pudiera hablar, seguramente le diría una grosería a su madre. El adulto que quiere divertirse, y que está en todo su derecho de hacerlo, olvida a veces las necesidades del niño, que hace esfuerzos monumentales por adaptarse. Si pensamos cuánto ruido soportamos los que vivimos en ciudades, nos podemos imaginar los ajustes mayúsculos que tienen que hacer estos niños pequeñitos para sobreponerse. En un momento dado puede estar viendo el padre el noticiario en la televisión de la sala, el adolescente cantando mientras escucha el radio a todo volumen en su cuarto, la licuadora prendida en la cocina a la vez que la madre habla por el celular, el pequeño y un amigo juegan con la sirena de su carrito de bomberos, y como acompañamiento de fondo, los ruidos de la calle.

Si el niño pequeño está constantemente en un ambiente donde hay demasiados estímulos, los sentidos se cierran para protegerse y el niño se insensibiliza. Se adormece y cae en la apatía, es decir, se cierra tanto a lo bueno como a lo malo. No hay distinción.

La televisión por sí sola también contribuye, en gran parte, a esta sobreestimulación. Hay familias que no la apagan en todo el día. Se convierte en ese pariente que no deja de hablar, pero que al fin, piensan, es mejor que estar solos. Se vuelve el acompañante que cubre todos los temas y al que no le interesa nuestra opinión. Es un ruido siempre presente y del cual no queremos prescindir. El niño, a su vez, crece hipnotizado, adormecido ante este aparato y sus pesadillas nocturnas se ven infiltradas por un buen número de sus imágenes.

• **Dar demasiado**

Otra manera de sobreestimular al niño o al joven volviéndolo apático, es dándole demasiado.

Cuando el niño es pequeño, con el afán de demostrarle cuánto lo queremos y por complacerlo, muchas veces nos dejamos convencer por la publicidad de que ser buenos padres es comprar cuanto juguete se anuncia en el mercado. Y, poco a poco, su recámara comienza a parecer juguetería. Pero cuando esto ocurre, jugar para el niño significa tirar todos los juguetes en el piso, para después pisarlos y decir que está aburrido. Éste es un resultado natural. Ante tantos juguetes, el niño no puede enfocar su atención, pues se aturde tanto a nivel emocional como mental, su defensa natural es ignorarlo todo. Se cierran sus sentidos y se vuelve apático: nada le gusta y nada le parece atractivo.

Es por esto que los niños que más tienen son los que más se aburren. Nos puede parecer una contradicción que niños que cuentan con una completa juguetería en casa son los que más se quejan de que no tienen qué hacer. Yo recuerdo que de niña la palabra aburrimiento no existía. Los niños tenían contados juguetes que recibían sólo en Navidad y en su cumpleaños, pero no se aburrían, porque jugar era un proceso creativo en que el niño participaba activamente. No esperaban que un objeto los entretuviera, ni mucho menos un adulto. Los niños inventaban todo tipo de juegos con cosas muy sencillas, como piedras y palitos que recogían en el patio. Se disfrazaban con telas o ropas de los padres y construían casas y buques fantásticos con cobijas y cojines de la sala. La imaginación del niño era lo único que podía imponer un límite a su diversión.

En aquellas épocas, si un niño llegaba a aburrirse sabía que no tenía caso quejarse con su madre, pues el problema no era de ella, sino suyo. Ningún padre se sentía culpable si su hijo se aburría.

> Es el día de Navidad, los adultos están sentados tomando una bebida caliente frente al árbol navideño, mientras observan cómo juegan los niños con sus nuevos juguetes. "¿Ya viste a nuestro hijo, Pedro?", le dice la madre a su esposo. "De haber sabido le regalo una caja de cartón en vez del juego tan caro que le compramos. Tiene una hora jugando con ella y no deja de entretenerse".

Entre más elaborados los juguetes, menos dejan a la imaginación. Nos deslumbran con sus detalles y su sofisticación, pero la verdad es que dan pocas oportunidades para que el niño pueda crear sus propios juegos, de variar e inventar nuevas posibilidades, y por supuesto, muy pronto termina aburriéndose de ellos. Recuerdo que uno de mis hijos ahorró muchos meses dinero para comprarse un automóvil de control remoto bastante caro. Estaba muy emocionado cuando por fin lo tuvo en sus manos. Jugó con él varios días, pero después lo guardó en su clóset, donde permaneció varios años, hasta que un buen día decidió regalarlo.

Si hacemos justicia a este tema, hay que añadir el hecho de que los niños viven muchas veces en una situación de aislamiento, encerrados en departamentos o casas donde no pueden jugar con los vecinos, así como que las familias ahora son muy reducidas. Esto definitivamente limita su posibilidad de convivencia. Recuerdo que uno de mis hijos siempre se quejaba de sólo tener un hermano. Decía: *"No me puedo pelear con él, porque si me peleo, ¿con quién juego?"*

La solución no es comprarles cada vez más juguetes. Tampoco es que los padres los entretengan. El niño tiene que aprender a convivir, razón por la cual sí es importante que esté en un ambiente donde trate a niños de distintas edades; pero también tiene que poder estar solo y entretenerse por sí mismo. Tenemos que perderle el miedo a la palabra aburrimiento. Si el niño se aburre, es su trabajo encontrar cómo "desaburrirse". Si no lo entretenemos y no lo enchufamos al televisor, el niño tiene que hacer acopio de su imaginación y ser creativo para salir de su aburrimiento. Así que, de algo negativo, si lo permitimos, puede surgir algo muy positivo.

En son de broma, cuando un niño se quejaba de estar aburrido, le revisaba la frente y le decía: "¿Aburrido? Pero tú no puedes estar aburrido, mira (apuntando a su frente), no tienes orejas de burro, sólo los burros se pueden aburrir".

Si dar demasiado al niño es comprarle juguetes en exceso, al adolescente es darle sin límite alguno ropa, relojes, dinero, automóviles, etcétera.

¿Por qué caemos en esta tentación de querer darles "todo"?

• **Por culpa**

Como ya mencioné en el capítulo 2 bajo el subtítulo "El niño invade el espacio del adulto", la culpa es muy mala consejera. Cuando el niño pide que le compremos algo, la culpa nos susurra al oído: "¿Cómo, no se lo piensas comprar después de que has estado fuera de casa toda la semana?" Agachamos la cabeza y terminamos comprando algo que sabemos no necesitan o no es adecuado para ellos.

La culpa nos hace sentir francamente incómodos cuando no damos atención a nuestros hijos, y la tentación de callarla a través de complacerlos y comprarles toda clase de cosas es muy atractiva. Los niños y jóvenes aprenden, desde pequeños, a manipular a los adultos, para conseguir lo que quieren, y así terminan convirtiéndose en sus pequeños tiranos.

- **Por comodidad**

Es mucho más fácil decir "sí" que decir "no". El sí es complaciente, agradable y simpático. El "no", en cambio, es confrontativo, serio y puede ser, incluso, agresivo. Cuando tenemos la necesidad imperante como padres de sentirnos aceptados por nuestros hijos, queridos siempre y en todo momento por ellos, entonces vivimos con el "sí" constantemente en la boca. Buscamos desterrar de nuestro vocabulario la palabra "no" que nos estorba. De esta manera cuando el hijo pide ese reloj carísimo, aunque tenga que endeudarme, digo "sí" y se lo compro. Cuando quiere más dinero del que llevan sus compañeros a la excursión, digo "sí" y se lo doy. Así me evito conflictos y discusiones y mi vida transcurre con toda fluidez y comodidad.

Comodidad que tiene un precio, como la lista de efectos secundarios que acompañan con letra pequeñísima a las medicinas que a veces compramos y que tratamos de ignorar. Me evito el conflicto de contradecir a mi hijo, pero en cambio, lo vuelvo demandante y caprichoso.

- **Para llenar mis huecos emocionales**

Si yo tuve limitaciones en mi infancia, limitaciones que pueden haber sido reales o imaginarias, ahora que soy padre de familia me polarizo en el extremo opuesto, y me aseguro de que mi hijo no solamente tenga todo, sino que la sociedad entera se dé cuenta de ello.

> "Fabián, ¿ese reloj que trae tu hijo es un Rolex?", le pregunta el vecino. "Claro", le contesta con evidente orgullo. El vecino lo mira sorprendido: "Pero, ¿no te parece algo exagerado y hasta peligroso que un muchachito de 12 años tenga un reloj tan caro? No he visto a ninguno de sus compañeros con algo igual". Fabián le contesta saboreando cada palabra: "Así es, pero yo puedo darme el lujo de regalárselo".

Fabián tiene una carencia emocional que busca satisfacer a través de su hijo. Está identificado con sus pertenencias, que le dan y marcan su valor, pues piensa: "Mientras más tengo, más valgo. Y si mis hijos son mi extensión, entonces debo asegurarme de que ellos tengan todo". Su necesidad de presumir está por encima de las consecuencias que pueda sufrir, en este caso, su hijo. En ningún momento está pensando si es o no adecuado que lleve algo tan costoso al colegio, pues le ciega el placer de sentirse envidiado.

Podemos ver que dar demasiado a los hijos puede tener la consecuencia de hacerles creer que sólo son lo que poseen. Sabemos, sin embargo, que el ser humano es más que eso, y que tiene la posibilidad de autodefinirse durante su vida de tres maneras distintas:

1. *Yo soy lo que tengo*
   Cuando somos niños todos pensamos que somos lo que tenemos. Si preguntan a un niño quién es, les dirá: "Yo soy el que vive en esa casa, y tengo una bicicleta. Mi papá tiene un automóvil grande".
   Todo niño se autodefine por lo que posee.

2. *Yo soy lo que hago*
   Pero al convertirnos en adolescentes y luego en adultos, empezamos a definirnos, además de: "Yo soy lo que tengo", como "Yo soy lo que hago". Entonces cuando le preguntan quién es, contesta: "Yo soy un estudiante de preparatoria". "Yo soy gerente de ese banco". "Yo estoy casada y soy ama de casa". En esta etapa buscamos el reconocimiento a través de nuestro trabajo, nuestros títulos y nuestros éxitos.

3. *Yo soy quien soy*
   Al paso de los años, con la reflexión y el trabajo interno, tenemos la posibilidad de dar el siguiente paso: "Yo soy quien soy". Es decir: "Yo soy, independientemente de lo que tengo y de lo que hago". Último pero muy importante paso en nuestras vidas. Dejar de pensar que somos lo que hemos podido acumular o lo que hemos realizado. Darnos cuenta que

somos mucho más que esto. Somos lo que somos, independientemente de nuestras riquezas y nuestros logros. Pero pocas personas llegan a esta última etapa de darse cuenta de que finalmente: "Soy quien soy".

Cuando damos todo a nuestros hijos, sin ninguna medida ni conciencia, corremos el peligro de dejarlos atorados en la primera etapa, la etapa de: "Tú eres lo que tienes". Si el niño tiene como ejemplo a un padre que le enseña que lo más importante en la vida es tener y acumular riquezas y tratar de impresionar a los demás con su dinero, y que esto le da su sentido de valor, cuando se convierte en adulto puede quedarse ahí identificado. De esta forma influimos y limitamos las posibilidades para que se autodefina como algo más que la suma de sus pertenencias.

Otra consecuencia de darles demasiado a los hijos es que *debilitamos su voluntad*. La voluntad se forja con el esfuerzo. La voluntad es la fuerza que nos sostiene en pos de nuestros sueños y nos ayuda a perseverar. Pero ¿a qué puede aspirar el niño que sabe que cualquier cosa que quiere, basta con pedirla para poseerla? Este niño se acostumbra a que cada uno de sus caprichos sea cumplido al instante. Como consecuencia nada tiene gran valor, ni importancia. Todo está dado y su vida se vuelve desabrida. Jamás experimenta la satisfacción de lograr algo a través de la dedicación y el esfuerzo. Es así como matamos su anhelo de soñar y aspirar.

Por otro lado, el niño que crece sin voluntad se convierte en un joven que está a merced de todos los peligros que lo rodean. Este joven apático, interiormente débil, que todo le aburre y busca entretenimiento constante, ¿qué va a contestar cuando le ofrezcan diversión que no requiera de esfuerzo alguno? ¿Cuando se vea envuelto en un ambiente de alcohol, promiscuidad y drogas? *La voluntad es el músculo interno que desarrollamos para poder decir "no" cuando queremos elegir el camino que consideramos correcto*, aunque haya otras alternativas que nos puedan parecer más atractivas. Este músculo es la fuerza que nos sostiene cuando todo a nuestro alrededor dice "sí". Pero cuando este joven no tiene esta fuerza necesaria para apoyarse, su única posibilidad es nadar con la corriente. Acepta y hace lo que para él es más sencillo y más cómodo. Es, entonces, presa fácil del alcohol y de las drogas, que le garantizan excitación sin exigir algo a cambio.

Cuando tengamos la tentación de complacer a nuestros hijos sin límite alguno, cuando equivocadamente pensemos que quererlos es darles en exceso todo lo material, recordemos que en vez de fortalecerlos, los estamos debilitando, y que esta vivencia los pone en gran desventaja cuando tengan que enfrentarse solos al mundo que les estamos heredando, lleno de peligros y violencia.

Algunos padres adoptan la postura contraria y asumen que si ellos tuvieron carencias, sus hijos deben vivir lo mismo, "para que aprendan". Es decir: "si yo sufrí, que sufran ellos de igual manera". Este padre piensa que sólo a través del dolor pueden aprender las siguientes generaciones. Que sólo con mano dura aprecia uno las cosas. Si la vida lo castigó a él, ahora le toca castigar a los que siguen. Esta actitud es el polo opuesto del padre consentidor. Como veremos en los próximos capítulos, los extremos están siempre fuera de equilibrio. *Tanto peca el que otorga de más, como el que nada da.* Esta actitud de castigo crea mucho resentimiento en los hijos, que crecen odiando al padre, ya que pudo haberles dado, pero todo se los negó.

> "¿Qué le dijiste a tu madre que quieres?... Pues ahorra y cómpratelo. El dinero no crece en los árboles. Yo a tu edad me levantaba a las cinco de la mañana, ayudaba a mi madre con el quehacer de la casa y me iba caminando al colegio aunque estuviera nevando. A mí nadie jamás me llevó en automóvil a ningún lado, como a ti. Y por eso soy una persona trabajadora y responsable. Así que nada de quejas, si quieres algo ¡ponte a trabajar!"

Podemos ver en un extremo a este padre autoritario que piensa que todo tiene que ganarse con el sudor de la frente, que la vida es dura y sólo los golpes enseñan. El hijo crece fuerte pero correoso y endurecido. En el otro, al padre permisivo que todo concede y vuelve al hijo flojo, débil y sin voluntad.

El equilibrio sólo lo podemos encontrar a través de la observación consciente. A través de darnos cuenta de *cuándo y en qué momento hay que otorgar*, y *cuándo y en qué momento es necesario negar*. Comprender que cuando queremos educar a nuestros hijos, lo más importante es tomar en cuenta su más elevado y mayor bien. Que aunque me dé placer comprarle todo lo que él quiere y que complacerlo es más fácil que contradecirlo, no es lo mejor para él. Saber elegir en un momento dado lo que le conviene, independientemente de nuestras necesidades emocionales como padres o de nuestra comodidad.

• La información muerta

Otro factor que contribuye a la apatía del niño es la enseñanza, por parte de las escuelas, con material francamente tedioso y sin significado para los alumnos. En vez de despertar su asombro, su curiosidad y su deseo de explorar, y en lugar de enseñarlos a pensar, simplemente los llenan de información árida que no corresponde a sus intereses y que memorizan como pericos para olvidarla una vez pasados los exámenes. Es vergonzoso que matemos de esta manera la inquietud y curiosidad innata del niño por el mundo, llenándolo de datos irrelevantes. ¿Cuántos padres de familia se sienten frustrados cuando tienen que ayudar a sus hijos con tareas absurdas y faltas de contenido? Les enojan estas tareas, se quejan, pero las aceptan como parte irremediable del sistema.

La defensa natural del niño que se aburre en la escuela es la apatía. Cuando lo que se enseña es estéril y aburrido, el niño desconecta su intelecto de su sentimiento. Desasocia su pensar de su sentir. Deja de interesarse. El proceso de aprender y el gusto por descubrir pierden importancia, lo que cuenta es el resultado: la calificación. Un número en un papel. Estudia por la calificación o por miedo a que lo castiguen. Su único interés de ir al colegio es ver a los amigos. Lo demás es un suplicio que hay que soportar sin más remedio.

Como el chiste de la maestra que pregunta al alumno: "¿Pepito, cuál es la mejor escuela?"

"La cerrada, maestra, la cerrada".

Indicios de que su hijo sufre de SNC

- Cuando le hacen un cumplido a su hijo, se refieren a la estatura, su salud, su belleza o su inteligencia, pero nunca escucha que es "educado, agradable o simpático".
- Su hijo es el último en ser invitado a las fiestas infantiles o se les "olvida" invitarlo.
- La abuela evita cuidarlo, pero se encarga con gusto de otros nietos.
- Desde que tiene a su hijo se han reducido sus amistades y sus invitaciones.
- Tiene que cambiar constantemente de niñera, pues ninguna lo comprende, o se niegan a regresar.
- Cuando la invitan a un evento social, le advierten que es "sin niños". Cuando llega al festejo se da cuenta de que su hijo fue el único excluido.

Como padres somos los últimos en querer darnos cuenta de que nuestros hijos están consentidos. Entramos en una etapa de "negación" en donde pensamos que todos están mal, y únicamente nosotros tenemos la razón. Recuerdo cuando una vez, haciendo un ejercicio de movimiento con un grupo de 30 personas, nos dieron instrucciones y yo avancé al frente mientras todo el grupo caminaba en sentido contrario. Mientras veía a las 29 personas caminar en dirección opuesta a la mía, pensé: "¡Qué tontos, todos se equivocaron!" Ahora con asombro me doy cuenta de mi arrogancia. Fui capaz de pensar que 29 personas estaban en el error antes de considerar que "quizá yo había entendido mal las instrucciones".

Esto nos puede suceder con nuestros hijos. Nos aferramos a que estamos en lo cierto, en lo correcto, aunque claramente todos a nuestro alrededor nos están dando claras señales de que vamos por el camino equivocado.

"¿Cuándo es la fiesta de Berenice? No sabes qué gusto me da que estaremos estas vacaciones aquí, pues Lolita, mi hija, se muere de ganas de ir. Oye, ¿no me digas que vas a invitar a Mariana? ¿Supiste lo que pasó en nuestra fiesta? Pues que la madre no se retiró y como Mariana no rompió la piñata, armó un tango y su mamá insistió en que le diéramos un premio para consolarla... Te lo digo en tres palabras: ¡insoportables las dos! Yo quedé curada de volver a invitarlas".

No pedimos opiniones porque sabemos que no nos convienen, nos volvemos ciegos ante una realidad que no queremos tomar en cuenta.

Andrea y Margarita han sido amigas desde la secundaria. Fueron invitadas a una fiesta infantil con sus hijos y están sentadas platicando cuando escuchan un grito desde el otro extremo del salón: "Mamá ¡¡quiero un refresco!!" Andrea, reconociendo la voz de su hijo, empieza a levantarse cuando Margarita le pregunta: "¿Por qué dejas que te grite así? Que vaya él por su refresco o que se acerque y te lo pida de buen modo". Andrea sonríe apenada y sin contestar se dirige a donde están los refrescos.

Resulta increíble que si somos personas muy capaces, inteligentes e incluso exitosas en otras áreas de nuestras vidas, podamos ser, al mismo tiempo, totalmente insensatas en relación con nuestros hijos. Que lo que jamás admitiríamos por ningún motivo en un empleado o en un amigo, lo toleramos, en cambio, con nuestros hijos. Permitimos que sean demandantes, nos falten al respeto o nos insulten.

Para concluir: podemos decir que para nuestra mala fortuna muchos niños en la actualidad presentan algunas de las características antes mencionadas. Es un indicador muy claro de que necesitamos cuestionarnos, como sociedad, qué estamos haciendo equivocadamente. Los niños son el termómetro que mide la disfunción y la falta de armonía y salud de nuestra sociedad. Este termómetro nos está indicando que tenemos serios problemas que atender.

Preguntas para reflexionar:

- ¿Qué necesitamos cambiar en nuestra manera de educar? ¿Qué está haciendo falta?
- ¿Nos conviene y se puede regresar al autoritarismo?
- ¿Es posible encontrar un equilibrio entre el autoritarismo y la permisividad? ¿Existe acaso un tercer camino?

Segunda parte

capítulo 5
Una nueva alternativa:
la educación consciente

En los capítulos anteriores presenté el difícil panorama con el cual nos encontramos actualmente los padres y educadores. Me parece inútil presentar problemas y conflictos sin intentar encontrar posibles alternativas. Cuando criticamos por criticar y juzgamos por juzgar nos volvemos negativos y pesimistas. Resulta fácil señalar con el dedo lo que está mal, desquiciado o torcido, pero si no intentamos buscar y poner en acción posibles soluciones, nos llenamos de desesperanza y cinismo. Nos cortamos las alas y nos enfermamos de desaliento.

Analicemos, pues, las distintas posibilidades que tenemos en relación con la educación de nuestros hijos: regresar al autoritarismo, quedarnos en la permisividad o buscar un camino alternativo.

Las personas que han heredado el autoritarismo e insisten en sostenerlo, se encuentran desfasados y fuera de tiempo, además de con serias dificultades, porque los chicos de hoy, cuestionan, argumentan y se rebelan con una fuerza que nos sorprende. Pero están exigiendo algo justo: respeto. Quieren ser tomados en cuenta y respetados. Estas personas que quieren repetir la educación de sus padres sin mayor reflexión, te dicen:

"Mira, en mi casa, mi padre ejercía la mano dura y era autoritario, tú conoces a mis hermanos, ¿acaso ves a alguno traumado? Yo por eso no me complico la vida y educo a mis hijos de la misma manera".

Al respecto sería necesario ver no sólo el físico y las apariencias, sino también las heridas del corazón, para juzgar si están o no afectados. Algunas personas se conforman con que sus hijos hagan dinero, se casen y no sean delincuentes o drogadictos, todo lo demás les parece ganancia. Prefieren ignorar aquello que no se ve, lo invisible: los resentimientos, la vergüenza, las carencias, la falta de autoestima. Esas heridas las ignoran porque no se ven a flor de piel. Pero ahí están, y las cargamos con un peso que afecta nuestras relaciones, nuestro trabajo y nuestro diario vivir. Esas heridas arruinan nuestros éxitos y amargan nuestras alegrías. Contaminan nuestro amor, que termina haciendo más daño que bien a las personas que más nos importan.

Regresar al autoritarismo no es una solución viable y la permisividad tiene los peligros que he tratado en los capítulos anteriores. ¿Qué opción nos queda?

Los seres humanos tendemos a oscilar como péndulos de un extremo al otro, del control absoluto a la indiferencia total. De la absurda rigidez al completo abandono. Escuchamos decir: "Equilibrio, equilibrio, eso es lo que necesitamos para educar, equilibrio". Pero encontrar ese punto medio entre el autoritarismo y la permisividad requiere de algo que no llega solo: de la conciencia. Es nuestra conciencia la que sostiene el péndulo y nos permite encontrar ese balance que nos lleva a una relación distinta con nuestros hijos. *Tener conciencia implica estar despiertos, atentos para no caer ni en un polo ni en el otro.* Como manejar por una estrecha vereda que requiere de toda nuestra atención para no salirnos del camino. Ésa es la dificultad: mantenernos alertas.

Despertar requiere esfuerzo. Requiere del trabajo personal de elegir y tomar decisiones conscientes, de prescindir de la inercia para apoyarme en mi individualidad. Vivir semiconsciente o dormido, en cambio, no reclama ningún tipo de esfuerzo y me permite transitar por la vida arrastrado por la corriente del impulso también inconsciente de los que me rodean. Como una hoja que flota inerte sobre el cauce de un río, cuando nos negamos a afirmarnos como personas y nos dejamos llevar por las opiniones de los demás, por el "qué dirán" o por lo que está de moda, nuestra existencia pasa por la vida sin dejar huella alguna.

Si queremos educar a nuestros hijos de manera consciente, necesitamos detenernos y tratar de despertar. Observar los opuestos y su atrayente magnetismo y, de manera consciente, elegir el equilibrio. Este punto de equilibrio se da sólo en relación con los polos opuestos que le dan su existencia. Pues si hablo de equilibrio, tengo que conocer y tomar en cuenta los extremos para reconocer cuándo estoy en balance.

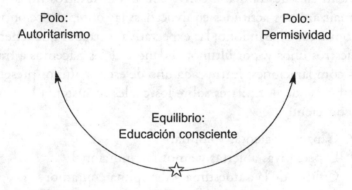

Polo:
Autoritarismo

Polo:
Permisividad

Equilibrio:
Educación consciente

Esta nueva propuesta de educación es el resultado de la sinergia de lo positivo de ambos extremos o polos. *Sinergia* significa que el resultado de la combinación de varios elementos es mayor y distinto a la suma de las partes. Así, la sinergia que resulta en esta nueva propuesta es más que la suma de los aspectos que nos parecen positivos del autoritarismo y de la permisividad, pues implica que despertemos en conciencia a la verdadera comprensión de lo que significa educar. Educar se convierte en un camino de doble sentido, donde el adulto respeta al niño, pero el niño, en cambio, también aprende a respetar al adulto. Donde el padre asume su papel de autoridad con responsabilidad, dignidad y orgullo. Donde el hijo se sabe protegido y seguro, al mismo tiempo que se siente tomado en cuenta. La palabra respeto, entonces, adquiere su connotación más elevada: es el reconocimiento del valor que tiene este ser en crecimiento. *Educar es guiar al niño en su proceso de maduración a través del reconocimiento y el profundo respeto hacia su individualidad. Acompañarlo hasta que se convierta en adulto y encuentre, en libertad, su destino.*

Respeto, como *libertad,* han sido conceptos mal interpretados en la permisividad. Se han definido en la práctica como libertinaje en el niño y como falta de responsabilidad y decisión en el adulto. Así que en los próximos capítulos trataré de revisarlos en su contexto práctico y sencillo, que nos permita entender lo que significan en nuestra diaria convivencia con nuestros hijos. Para ello analizaré tres actitudes equivocadas: la sobreprotección y su polo opuesto: el abandono; las expectativas cerradas que tenemos de nuestros hijos y, por último, el daño que les hacemos a través de las comparaciones. Entre cada uno de esos capítulos presentaré, como ayuda, los pilares sobre los cuales se sustenta la educación consciente:

- Capacitar, alentar y confiar
- Expectativas abiertas y amor incondicional
- Cultivo de la autoestima y disciplina con amor

Antes de abordar los siguientes capítulos, quisiera ofrecerles un cuadro que les permita, de manera simplificada, comparar ambos acercamientos: el autoritario y el permisivo, y encontrar como punto de equilibrio, la educación consciente (véase final del capítulo). Pero tengamos en cuenta que la vida no es tan sencilla, pues podemos apreciar que en una familia el padre puede ser autoritario y la madre permisiva, o viceversa. En ese caso, el hijo aprende a comportarse y cuidarse cuando está el padre, y recurre a la madre para consolarse o apoyarse y así conseguir lo que quiere. En esta situación, los padres estarán constantemente discutiendo y nunca estarán de acuerdo, a menos que la madre le tenga miedo al padre y no se atreva a contradecirlo; pero solapadamente consentirá a los hijos.

"¿Qué tienes, hijo, qué te pasa?", pregunta la madre consternada. "Papá me castigó y dijo que me quedaré sin mi mensualidad, con ella iba a comprarme el juego que te enseñé el otro día, que ya tienen todos mis amigos". La madre guarda silencio un momento y en voz baja le dice: "Te voy a prestar el dinero, pero que no se vaya a enterar tu padre porque me pones en un verdadero aprieto…"

En este caso el padre es el "malo" y la madre juega el papel de la "buena". Ella sabotea el autoritarismo del padre y piensa que de esa manera asegura el cariño de los hijos. Entre más autoritario es el padre, más consentidora y permisiva se vuelve la madre. Inconscientemente está tratando de equilibrar una situación por demás dispareja.

También se da el caso del padre permisivo que, cuando piensa que las cosas se han salido demasiado de control, recurre al autoritarismo para poner orden.

La madre está viendo muy interesada una telenovela en su recámara. Cuando se levanta durante los comerciales para ir al baño, ve que sus hijos están corriendo en la sala con comida en las manos y aventándose los cojines. Como no quiere perderse el final del programa de televisión, hace caso omiso de su juego. Una vez que termina, al encontrarse con la sala sucia y en desorden, les pega un grito: "¡¡Vengan acá, Luis y Marisol, que se las van a ver conmigo!!" Cuando aparecen sus hijos, les da unas nalgadas y los castiga encerrándolos en su cuarto.

Esta madre ignora lo que los hijos están haciendo, pero cuando se harta, recurre a la nalgada y al castigo. Al día siguiente les vuelve a permitir todo, hasta que no aguanta más, y los vuelve a castigar. Es decir, empieza siendo permisiva, después se vuelve autoritaria, y cuando se siente culpable de ser tan estricta, regresa nuevamente a ser permisiva. Aunque a esta madre le queda claro que ninguno de los dos extremos, ni el autoritarismo ni la permisividad, le satisfacen, ignora que puede encontrar un equilibrio, por eso oscila de un extremo al otro. Sus hijos viven a la expectativa sin saber qué esperar de ella, pues en un momento les da total libertad y en otro se vuelve exigente.

También se da el caso de padres que son autoritarios con unos hijos y permisivos con otros. Muchos padres son muy estrictos y rígidos con los mayores y después se cansan y a los más pequeños los dejan hacer lo que les venga en gana. O son autoritarios con todos los hijos menos con el favorito, al cual consienten.

En otras familias los padres son permisivos con los hijos varones y estrictos con las mujeres, o viceversa.

> Reclama la hija al padre: "Papá ¿por qué a Renato que es más chico que yo lo dejas llegar más tarde?" Exasperado contesta: "¿Cuántas veces te tengo que decir que porque él es hombre y tú eres mujer?"

Como vemos, las combinaciones pueden ser muy variadas. Recomiendo que revisen el siguiente cuadro y se pregunten:

En mi familia de origen:
- ¿Cómo fueron mis padres, estrictos o relajados?
- ¿En qué tipo de ambiente familiar crecí?

En mi familia actual:
- ¿Soy permisivo o autoritario?
- Si tengo pareja ¿comparto el mismo acercamiento o nos polarizamos cada uno en un extremo?
- ¿Estamos repitiendo el mismo patrón heredado de nuestros padres o, acaso, hemos oscilado al extremo contrario?

Este tipo de reflexión les puede ayudar a ver con claridad cómo están guiando a sus hijos y cómo pueden acercarse a encontrar un punto de equilibrio para educarlos de manera consciente.

Equilibrio

Educación autoritaria	Educación consciente	Educación permisiva
El padre militar	*El padre con autoridad*	*El padre malvavisco*

Actitud frente al hijo

• Controlador	• Respetuoso	• Complaciente
• Represivo	• Toma su responsabilidad	• Delega su responsabilidad al hijo
• Arbitrario	• Toma decisiones conscientes	• No toma decisiones
• Exige respeto pero no respeta al niño	• Hay respeto mutuo	• Respeta al niño pero no es respetado como padre
• Firme pero irrespetuoso	• Firme y respetuoso	• Respetuoso pero sin firmeza
• Reprime las emociones del hijo	• Permite que el hijo exprese sus emociones pero ofrece guía	• Deja que el hijo exprese sus emociones pero no ofrece guía

Para disciplinar

• Critica y culpa	• Asume su autoridad	• Ignora, permite o cede
• Humilla y compara	• Pone límites de manera respetuosa	• Ruega, suplica, convence
• Recompensa	• Aplica consecuencias	• Soborna
• Castiga	• Ayuda a encontrar soluciones	• Recompensa
• Grita y amenaza, da nalgadas, golpea	• Pone el ejemplo	• Manipula, sobreprotege

⇨

Educación autoritaria	Educación consciente	Educación permisiva
El hijo oprimido	*El hijo respetuoso*	*El hijo demandante*

Actitudes y creencias

• Yo no cuento	• Yo cuento pero los demás también	• Sólo yo cuento
• Reprime sus emociones o las expresa inadecuadamente	• Aprende a expresar sus emociones sin lastimar a otros	• Expresa sus emociones sin importarle si lastima
• Obedece ciegamente, complaciente, sumiso y miedoso o	• Sabe comunicar sus necesidades	• Exigente, egoísta y caprichoso
• Rebelde y competitivo	• Desarrolla disciplina interna y voluntad	• No tiene autocontrol, atención, ni voluntad
• Responsable cuando es vigilado	• Responsable, participa y coopera	• Irresponsable, dependiente y flojo

Consecuencias para el hijo

• No se siente aceptado ni valorado	• Se siente aceptado, valorado y querido	• Se siente abandonado
• Se siente humillado, impotente, asustado, frustrado, enojado, resentido, culpable	• Se siente seguro y feliz, tiene autoconfianza y autoestima	• Se siente inseguro, desprotegido, confundido, insatisfecho, inadecuado

De adolescente

• Si es sumiso sacrifican su individualidad	• Hay comunicación abierta	• Es grosero, irrespetuoso, exigente, rebelde y y dependiente
• Si se rebela puede caer en el alcohol o drogas y/o se aleja	• Hay amor y respeto entre padres e hijos	• Puede fácilmente caer en el alcohol, drogas y promiscuidad
	• Es un período de crecimiento mutuo	

El ambiente en casa

• Ordenado pero tenso	• Ordenado pero relajado	• Desordenado y caótico
• Rutinas rígidas	• Rutinas flexibles	• No hay rutinas

la tabla se puede agravar el problema que tiene en las rodillas. Después de discutir acaloradamente, se retira y le pide a su esposa que trate de "razonar" con él. La madre se acerca y trata de convencerlo.

Exasperados, ceden ante su capricho y rentan la tabla.

Al segundo día de esquiar, Camilo, después de acudir al médico por la inflamación y dolor de sus rodillas, tiene que guardar reposo en la cabaña. La madre, llena de resentimiento por tener que acompañarlo, no deja de reprocharle su imprudencia.

Años después, Camilo se tiene que someter a una operación de rodillas.

A Camilo lo sentaron en el asiento del chofer cuando sólo alcanzaba a ver el tablero. Demasiado pequeño de estatura para alcanzar a ver el camino. En otras palabras, no tenía la madurez para contemplar las consecuencias de su capricho. Esa decisión correspondía a los padres, que conocían la gravedad de su enfermedad. Con firmeza debieron haberse sostenido en su decisión de no rentarle la tabla.

Hay padres que abandonan al niño de manera distinta. Estos padres se sienten incómodos cuando están con niños pequeños. Recuerdo a un tío que me decía: "Mira, a mí dame a un niño cuando tenga 12 años. Entonces son personas y ya se puede hablar con ellos. Antes de esa edad que se encargue su madre".

Este tipo de padre quiere tener hijos, pero quisiera que se saltaran la infancia, ya que ésta le parece una verdadera monserga. Viven en un mundo de adultos y les estorban los niños, tanto los propios como los ajenos. Siempre que pueden, los dejan a cargo de otras personas, mientras ellos asisten a sus compromisos y reuniones que, por supuesto, siempre son sólo para adultos. Disfrutan ir a lugares públicos vedados para los niños y no entienden que otras familias tengan que incluirlos. Los hijos no tienen realmente un lugar en sus ocupadas vidas y la convivencia con ellos es una molestia que tratan de eludir siempre que les sea posible, en espera de que un día maduren y se civilicen. Estos niños sufren de abandono físico y emocional. Los padres les hablan y los tratan como si fueran adultos pequeños que sólo les falta crecer en estatura. No les permiten comportarse ni jugar como niños, pues les exigen madurez y seriedad aunque sólo tengan 4 años. Este niño, por la necesidad imperiosa de pertenecer y sentirse aceptado, se ve obligado a sacrificar su niñez.

Los padres que abandonan a los hijos muchas veces creen que porque les proporcionan todo tipo de caprichos y lujos: ropa de marca, los últimos juguetes electrónicos, alhajas caras y, por supuesto, una escuela prestigiosa, han cumplido con su papel de padres y no tienen por qué dar más. Creen que es posible sustituir su presencia y atención por cosas materiales.

Teresa platica con su cuñada sobre su hija Karen de 14 años: "Estoy preocupada y he decidido cambiarla de escuela a una más pequeña. Las clases son abiertas y creo que estará mejor. Aunque el colegio en el que estaba tiene fama de ser el mejor, ella no se sentía bien con sus compañeras, pues son muy cerradas y poco amigables".

Teresa es una madre que trabaja tiempo completo y ve muy poco a su hija, que ha crecido en un pueblo donde los jóvenes no tienen nada que hacer en las tardes y fácilmente caen en la tentación de drogarse y alcoholizarse. La madre ignora lo que Karen hace todas las tardes con su grupo de amigos varios años mayores que ella. Ha sido muy hábil para manipular a su madre que, a su vez, se niega a reconocer que su hija anda en malos pasos.

Teresa no ha sido sincera con su cuñada, pues la verdad es que Karen ha sido expulsada del colegio por estar metida en drogas. Cuatro años más tarde, Karen ingresa en un centro de rehabilitación para drogadictos.

Algunos padres que abandonan a sus hijos han tenido una infancia dolorosa y ahora que tienen sus propios hijos se sienten incapaces de atenderlos. Sus propias heridas todavía están abiertas y los hijos son un constante recordatorio de ellas. Como un animal herido, que primero tiene que lamer y curar sus heridas antes de poder hacerse cargo de sus crías, el padre para protegerse se distancia de sus hijos. Mientras no atienda sus problemas emocionales, su única salida en relación con los hijos será retirarse emocionalmente de ellos. Los hijos, entonces, crecen solos y rápidamente sin comprender el porqué de ese abandono.

Nuevamente para nuestra desgracia, vemos un ciclo que se repite sin fin: estos hijos que han crecido abandonados tampoco podrán relacionarse de manera sana cuando tengan sus propios hijos, a menos que busquen ayuda y seriamente se propongan curar y llenar los huecos emocionales que les causó el abandono de sus padres. De no ser así, al igual que hicieron con ellos, abandonarán o sobreprotegerán a sus hijos, invalidándolos a nivel emocional.

Un ejemplo extremo de niños abandonados son aquellos que crecen en las calles. No tienen tiempo para ser niños, pues empiezan a cargar desde temprana edad con responsabilidades que los obligan a responder como personas de mayor edad. A corta edad se vuelven adultos que habitan en cuerpos de niños, pues han perdido la frescura y la inocencia de la niñez. Ante la falta de protección del adulto, se han tenido que enfrentar solos a un mundo hostil y agresivo y han pagado el precio de crecer antes de tiempo: el endurecimiento. Han tenido que desarrollar una coraza emocional como protección para sobrevivir. Se han defendido para soportar los golpes de la vida.

Afirmaciones para padres que abandonan

☆ *Con amor y gratitud acepto mi responsabilidad como madre/padre de mi hijo/a (nombre).*

☆ *Agradezco el privilegio de educar a mi hijo.*

☆ *Mi hijo es un ser en desarrollo y necesita de mi guía y protección.*

☆ *Elijo cuidar y educar a mi hijo con alegría, paciencia y compasión.*

☆ *Con orgullo y amor asumo el papel de padre de mi hijo y disfruto de todas sus etapas de desarrollo.*

☆ *Acompaño y guío amorosamente a mi hijo en todas las etapas de su desarrollo.*

Padres que sobreprotegen

Si los padres que abandonan dejan que el niño conduzca cuando aún no tiene edad, los padres sobreprotectores no ceden jamás el volante. Estos padres no sólo quieren proteger y cuidar a sus hijos, sino que quieren que jamás nada desagradable les pase. Adoptan, entonces, la tarea de controlar sus vidas para asegurarse de que todo siempre esté en orden y nada malo les pueda suceder. Estos padres son desconfiados de la vida y miedosos, quieren prevenir cualquier situación negativa que pueda afectarlos. Quieren vivir a través de ellos y no confían en sus capacidades.

En palabras sencillas, podemos definir sobreprotección de la siguiente manera:

Sobreproteger significa hacer por el niño o el joven lo que él puede hacer por sí mismo.

Esto a cualquier edad. Cuando la madre le da de comer en la boca al niño de 3 años que ya puede comer solo, está sobreprotegiéndolo. Cuando viste al niño de 4 años, cuando sigue peinando a la niña de 8 años, cuando le hace la tarea al niño de 11 años, o cuando le resuelve sus problemas al adolescente o lo rescata, en todos estos casos está sobreprotegiendo.

El niño o joven es perfectamente capaz de hacer estas tareas, pero los padres los vuelven inútiles y dependientes.

El padre sobreprotector mata el instinto natural que tiene todo hijo de querer crecer y ser independiente. El niño muy pequeño nos muestra este instinto de manera muy clara, basta observar el interés que tiene al año y medio por vestirse solo. Puede estar veinte minutos tratando de ponerse un zapato. No tiene prisa, todo su interés y atención están dedicados a esta tarea. Este niño pequeño parece decirnos: "Yo quiero ser grande y vestirme como tú, mamá". Como todo niño sano, quiere y trata de hacer las cosas por sí mismo.

Flavio de 2 años está muy interesado en ponerse los nuevos tenis que le acaban de comprar. Arrastra una silla y se trepa para abrir el cajón y sacar los calcetines. Con mucha dificultad se los pone y trata de meterse el tenis cuando aparece su madre: "Flavio ¿qué haces? Válgame Dios, ya tiraste todos los calcetines y te podrías haber caído de esa silla!" La madre apurada le quita el zapato al mismo tiempo que comenta: "Los calcetines están torcidos y el tenis no va en este pie. La próxima vez te esperas hasta que yo te vista, ¿me oíste?"

Flavio sigue tratando, cuando puede, de ponerse los tenis y de vestirse solo, pero ante la insistencia y los regaños de la madre acaba por rendirse. Aprende a ser sólo un títere que la madre arregla a su antojo a toda velocidad.

Tres años después viene de visita la tía Brenda. Cuando ve la rutina matinal le pregunta: "¿Cómo? ¿A poco todavía estás vistiendo a Flavio?" Ante la asombrada mirada de Flavio, su madre contesta: "Ay sí, es un flojo, si no lo visto yo, no llegamos al colegio!"

El niño pequeño quiere, por ejemplo, comer solo. Pero por desgracia muchas madres prefieren darles ellas de comer en la boca en honor a la limpieza y la eficiencia. "Si lo dejo comer solo, hace unas porquerías que Dios nos ampare, y aparte se tarda años". Hay que preguntarnos: "¿Por qué habría de tener prisa en comer un infante de 15 meses? ¿Qué podría ser más interesante para él que tomar esos pedazos de comida de diversos colores y metérselos en la boca? ¿Acaso imaginamos el esfuerzo de coordinación que implica para un infante poder tomar con sus deditos aún descoordinados, cada uno de esos trozos, sostenerlos y elevarlos hasta lograr depositarlos en su boca abierta? Si pudiéramos por unos instantes ponernos en el lugar de este pequeño que aún no controla su cuerpo y que con enormes esfuerzos está dándose a la tarea de refinar cada vez más sus movimientos, le tendríamos no sólo paciencia sino admiración.

El niño sano intenta una y otra vez hacer las cosas solo; algunos se defienden de manera muy clara: "No, yo solo, ¡¡déjame!!" Pero las constantes intromisiones y regaños de un adulto más fuerte que ellos termina por acabar con ese interés natural. ¡Si sólo pudiéramos ver lo que estamos matando en el niño cuando no le permitimos hacer las cosas por él mismo! El niño sucumbe y se convierte en "flojo". Yo estoy convencida de que no existe un niño que nazca flojo, lo volvemos flojo cuando matamos su voluntad. Éste es el precio de la sobreprotección, acabamos con su incipiente voluntad. *La voluntad es la facultad que nos permite realizar nuestros proyectos y sueños. Es la fuerza que nos mueve a lograr lo que nos proponemos. La voluntad concreta hace manifiesto lo que deseamos.* Por eso, cuando matamos su voluntad, un niño, al igual que un adulto que carezca de ella, se vuelve desganado, dependiente e inútil. Se acobarda con facilidad y pierde la confianza en sí mismo. Porque *la autoconfianza es el resultado de estarse constantemente afirmando a través de sus logros.* Pero el niño que no tiene la posibilidad de experimentar el éxito, de probarse a sí mismo lo que es capaz de hacer, necesita siempre apoyarse en el adulto para que le resuelva sus problemas, termina convenciéndose de su falta de valor y de aptitud.

Pero no pensemos que la sobreprotección se refiere sólo a los cuidados personales o a los niños pequeños.

> Renata ha ido a recoger a su hijo Alberto a la primaria. Cuando lo ve llegar cabizbajo le pregunta qué le pasa. "Ramiro me dijo marica". "¿Ramiro?", contesta la madre, "¿quién es Ramiro, el de la gorra roja?... No te preocupes, en este momento hablo con él". La madre le hace señas a Ramiro para que se acerque y cuando está frente a él, le dice que está harta de que esté molestando a su hijo. Después de regañarlo lo amenaza y le dice que si vuelve a molestarlo se las va a ver con ella. La madre se voltea para retirarse al coche y no alcanza a ver cómo Alberto muerto de risa le saca la lengua a Ramiro.

Cuando intervenimos en las relaciones personales de nuestros hijos, les quitamos la oportunidad de aprender a relacionarse. Tienen que saber que hay situaciones agradables y situaciones difíciles, y que así es la vida. Que a veces surgen conflictos y que hay que aprender a resolverlos. ¿Cuándo y cómo van a aprender a relacionarse si no les damos la ocasión para que practiquen? Cada interacción es un momento para aprovechar. Así, el niño aprende con quién puede meterse, y a quién tiene que evitar. En vez de resolver sus conflictos y problemas hay que enseñarle a que los resuelva solo.

La madre del ejemplo anterior puede empatizar con Alberto y decirle: "Entiendo que te sientas triste, es muy desagradable que te ofendan". Una vez en el coche puede preguntarle: "¿Qué crees que puedas hacer la próxima vez que Ramiro te moleste?"

"Pues le puedo pegar hasta sacarle sangre". "Bueno, ésa es una posibilidad (no muy buena por cierto, pero no es el momento de decírselo, pues se está desahogando y lo que busco es abrir la comunicación), ¿y qué otra cosa puedes hacer?"

"Pues, pues... le puedo decir que no me gusta que me diga esas cosas". "Sí, muy buena idea, qué otra cosa puedes hacer?"

"Pues darme la vuelta y no hacerle caso". "Claro, ésa es otra buena posibilidad".

De esta manera buscamos que sea el niño quien busque distintas soluciones para su problema. Al abrirlo a muchas posibilidades, lo ayudamos a que perciba que un problema no tiene una solución, tiene muchas soluciones. Estamos ampliando su horizonte para que sea más inteligente. Estamos ayudándolo a desarrollar sus capacidades mentales, porque la inteligencia se mide a través de nuestra capacidad para encontrar la solución adecuada en las distintas situaciones que se nos presentan. Cada circunstancia tiene muchas variantes y es única en su complejidad. Entre mayor sea el número de soluciones que yo pueda imaginar para solucionar un problema, mayor será la posibilidad de éxito. *Hay que enseñar al niño a pensar, en vez de pensar por él.*

Qué limitante es el padre que le dice a su hijo: "Hijo, si te pegan ¡pega!" Cuando lo más indicado podría ser: "¡Corre, hijo, está muy grandote!"

Nancy va en tercero de secundaria y está viendo la televisión cuando llega su madre cargando bolsas llenas de comida del mercado: "¿Por qué te tardaste tanto en regresar, mamá, tienes que ayudarme con mi maqueta que te dije que era para mañana". "Ay, perdón, hija, ahora mismo nos ponemos a trabajar".

Nancy le explica el proyecto a la madre, pero a la primera oportunidad se escapa a seguir viendo el programa de televisión. "Nancy, tráeme el pegamento y otra cartulina". La chica corre a llevarle las cosas, ve complacida cómo avanza su proyecto (gracias a la dedicación de su madre) y regresa a la televisión.

Una hora más tarde la madre manda a todos a dormir. "No te preocupes, hija, vete a acostar que yo termino en la noche".

La mañana siguiente, Nancy llega orgullosa con su maqueta al colegio segura de que obtendrá la máxima calificación.

Nancy tiene un sentido distorsionado de la realidad. Le parece honesto presentar un trabajo en el que no ha participado y recibir crédito por ello. Cree merecer la admiración y el respeto por algo que no ha hecho. Si su madre continúa haciendo su trabajo, Nancy se irá acostumbrando a ser deshonesta, al mismo tiempo que la confianza en sus propias habilidades se irá deteriorando, pues sabe que vive una mentira: está aparentando tener capacidades y habilidades que en realidad no posee. Pero ¿qué hará cuando no esté su madre?

Esto no significa que jamás podemos ayudar a nuestros hijos o hacer cosas por ellos, pero siempre hay que cuidar y observar. Si es la excepción, es decir, si lo hago ocasionalmente, no hay peligro, es un regalo que doy a mi hijo. Pero si es la regla, es decir, si el niño espera que yo siempre le ayude y depende de mí para hacer las cosas, entonces estoy sobreprotegiéndolo. Lo estoy dañando: se vuelve dependiente, inútil y flojo.

La sobreprotección puede tener muchas causas, analicemos algunas de ellas.

Causas de la sobreprotección

• **Confundo la sobreprotección con amor**

Una madre muy orgullosa me dijo: "Yo a mis hijos les preparé el refrigerio que llevaban al colegio diariamente hasta que salieron de la preparatoria". Lo dice con orgullo porque está convencida de que ha cumplido con su tarea de madre al cien por ciento. "Porque quiero a mis hijos, les hago absolutamente todo".

Estos padres muestran su cariño a través de facilitarles la vida al máximo, para que no necesiten esforzarse. Se convierten en sirvientes de sus hijos y consideran que su tarea también es evitarles cualquier molestia o decepción; y defenderlos de cualquier agravio o contratiempo.

"Porque te quiero hago todo por ti, no quiero que jamás te incomodes".

- **La sobreprotección me da una razón de ser. Me hace sentir importante**

Me comentaba una mujer que su esposo había tenido una madre sumamente sobreprotectora.

> Mi marido siempre se ha lamentado de no haber estudiado una carrera, pues cuando terminó el bachillerato y decidió mudarse a estudiar a una universidad en la cuidad de Monterrey, sólo aguantó dos meses. Al primer pretexto se regresó a casa con su madre. Figúrese que mi suegra, en invierno, ¡le planchaba las sábanas de la cama todas las noches para que estuvieran calientes cuando se acostara!

El amor de madre, contaminado con autoimportancia, tiene el siguiente mensaje:

> *Cuando me necesitas tengo un lugar en tu vida y eso le da propósito a la mía. Tú me das mi razón de ser, y por eso no quiero que crezcas. Si creces y te haces independiente, mi existencia quedará vacía, pues pienso que si dejas de necesitarme también me dejas de amar. Necesito, por tanto, seguir creando razones para serte indispensable.*

Este tipo de padre piensa seguir al lado del hijo para siempre. Me gusta contar, a manera de chiste, el caso de la hija que cuando le avisó a su madre que se va a casar, ésta le preguntó: "Perdón hija, con quién dijiste que nos vamos a casar?"

El mensaje de la sobreprotección es aterrador, pues asfixia el natural desarrollo del hijo, que crece enclenque y marchito emocionalmente, lleno de inseguridad y miedo. La necesidad enferma de los padres obliga al hijo a depender de ellos, so pena de llenarse de culpa. Pero un hijo que nunca logra independizarse significa también que nunca logra su completo desarrollo como ser humano. Logramos realizarnos como personas cuando en libertad podemos escoger nuestro propio destino. Cuando tomamos decisiones y asumimos las consecuencias. Pero un hijo dependiente nunca da este paso. Como el parásito que no tiene vida independiente, no conoce sus dones, su fortaleza, ni su individualidad, pues vive siempre a expensas de otros.

• **La sobreprotección me permite controlar**

La vida es como un río que constantemente cambia. Su cauce, en un lugar, puede ser lento y tranquilo, para convertirse en otro inesperadamente en una corriente vertiginosa y tremenda. La superficie puede ser un espejo apacible que nos engaña al ocultarnos las corrientes que arrastra en la profundidad. En un momento nos puede presentar paisajes hermosos y cálidos, y en otro oscuros y fríos. Este río de la vida nos obliga a aprender a esperar lo inesperado y a adaptarnos a su ritmo siempre cambiante. Exige que seamos flexibles y abiertos y nos lleva a comprender que nada es estático, sino que todo está en constante movimiento, en constante transformación.

La persona controladora se resiste a aceptar esos cambios de la vida. En vez de eso, busca que la vida se acomode a sus preferencias. No soporta la inseguridad de lo impredecible, pues no confía en poder responder adecuadamente. Tiene miedo al caos, busca ordenar todas las variables. Cree que puede valerse del recurso de tratar de controlar a quienes la rodean, para sentir que "tiene todos los hilos en la mano". Quiere eliminar lo molesto, doloroso, incómodo, o lo que no vaya con su imagen. Y en este afán por controlar entran sus hijos, por supuesto.

"Ese amiguito tuyo no me gusta, es poca cosa para ti, Ezequiel. Tú mereces algo mejor. ¿Qué dices que hace su padre? No quiero volver a verlo por aquí, ¿te queda claro?"

El padre controlador quiere decidir quiénes deben ser los amigos del hijo, cómo debe vestirse, cómo debe comportarse, qué debe estudiar y cuáles deben ser sus aficiones, y al hacerlo termina aniquilando su individualidad. El hijo se convierte en una copia exacta del padre y pierde la oportunidad de expresar su propia esencia. Si el hijo tiene la fuerza tratará de rebelarse y se alejará, pero si no, terminará conformándose con ser lo que el padre quiere que sea. Algunos en esta sumisión crecen ignorando las oportunidades de crecimiento personal que han perdido. El control del padre acaba con la libertad del hijo de descubrir quién es y qué quiere.

Pero la vida también, a veces, nos responde con reveses. ¿Qué ocurre cuando una madre se empeña en querer dirigir la vida de la hija? ¿Cuántas veces la hija termina haciendo lo que más odiaba la madre? Una conocida mía repetía incesantemente que lo último que ella quería era que su hija se casara con un divorciado. ¿Con quién se casó? Pues claro, ¡con un divorciado! Lo que más tememos es lo que muchas veces terminamos provocando.

Las personas tienen, de acuerdo con su temperamento, distintas maneras de controlar:

- El *colérico* es muy obvio en su control, pues lo hace a través de su fuerza. Es arrogante y está convencido de que sólo él sabe lo que le conviene a su hijo. Se vale del enojo, las amenazas y la intimidación. ¡Pobre del hijo que no obedezca, pagará caras las consecuencias!

  Si no obedeces, ¡ya sabes lo que te espera! ¡¿Quieres que te dé unas nalgadas?!

  Con cara enfurecida dice el padre: Te estoy viendo, Gustavo, síguele y ¡verás lo que te pasa!

Ni sueñes con estudiar filosofía, en mi casa no quiero ni hippies ni muertos de hambre. ¿Me oyes?

- El *melancólico*, en cambio, es más sutil y resulta más difícil descubrir su control, pues utiliza la manipulación. Con modales muy suaves y aparentemente inofensivos, se las arregla para conseguir lo que quiere de sus hijos.

Lety, tú que eres tan linda, ¿me podrías hacer un favor?, dice con voz melosa la madre...

Conoce también la eficacia de hacerlos sentir culpables.

Con todo lo que he trabajado hoy, me duele la cabeza. No pensarán irse al cine y dejarme sola, ¿verdad?

- El *flemático*, por otro lado, en su afán de ser buen padre tiene rutinas inalterables e insiste en hacer todo por ellos.

Hace mucho frío, hijo, pero no te preocupes, yo te traje tu suéter.

Su mayor dificultad es aceptar que están creciendo y permitirles ser independientes.

No es que no confíe en ti, hija, pero es muy peligroso que vayas sola. Mejor que te acompañe tu padre.

- Por último, el *sanguíneo* se preocupa de que sus hijos cuiden su imagen ante los demás. Insistirá en que se vistan, se peinen y se comporten correctamente, pues "¡quién sabe qué dirán los vecinos!" El padre sanguíneo tratará de controlar lo que los hijos hacen para cuidar las apariencias.

Quita esa cara de muerto y sonríe. No olvides saludar a todos tus tíos, le susurra su madre a Antonia a la entrada del salón donde se festeja la boda de su sobrina.

Greta, cámbiate de ropa porque así no te llevo a casa de tus tíos. ¿Qué van a pensar, que eres una pordiosera?

Como podemos ver, el control no es algo inocente, sino al contrario, algo muy destructivo, pues impone arbitrariamente las preferencias de los padres sobre el hijo. Le niega la posibilidad de crecer con libertad para desarrollar su propia individualidad y encontrar su propio camino en la vida. Priva al ser humano de su facultad más importante: el libre albedrío. ¿Qué ser humano se puede desarrollar plenamente si no tiene la libertad de elegir? ¿Si no puede tomar sus propias decisiones y responsabilizarse de las consecuencias? *Cuando controlamos a los hijos, los condenamos a quedarse permanentemente inmaduros.*

En vez de controlar, tenemos que aprender a confiar en nosotros mismos y enseñar a nuestros hijos a que confíen en ellos mismos. La vida está llena de situaciones impredecibles que no podemos y que es inútil tratar de controlar. No podemos esperar que todo sea como nosotros deseamos ni que todas las circunstancias siempre sean agradables y placenteras. Pero si no está dentro de nuestras capacidades controlar al mundo que nos rodea, sí podemos confiar en que podemos aprender y desarrollar distintas habilidades, para tener la capacidad de afrontar, de la mejor manera, las situaciones que se nos presentan. No podemos controlar lo que está fuera de nosotros, pero sí podemos aprender a confiar en nosotros mismos. Entonces confrontamos la vida con seguridad y sin miedo. Cada situación nueva es una oportunidad para aprender y crecer. Así, el vivir se convierte en una aventura y el mundo un lugar excitante por explorar.

Afirmaciones para padres controladores

☆ *Me permito fluir en el río de la vida.*

☆ *Suelto el control y confío en los procesos naturales de la vida.*

☆ *Amo ser flexible y fluyo con la vida.*

☆ *Confío en la vida y confío en la capacidad de mi hijo para aprender y madurar.*

• Sobreprotejo por miedo

Tenemos todo tipo de miedos en relación con nuestros hijos: a que se lastimen, a que sufran, a que se enfermen, a que fracasen, a que sean infelices. Es natural como padres tener estos miedos, pero si dejamos que invadan nuestras vidas y no sean simples visitas pasajeras, entonces empiezan a contaminar nuestro amor por ellos y caemos en la sobreprotección. El miedo nos controla y le quita el sabor a la vida, porque vivir con miedo es vivir contraídos.

Uno de los miedos más comunes es el miedo a que crezcan nuestros hijos y nos abandonen. Todos los padres que los disfrutamos quisiéramos tenerlos siempre a nuestro lado. Reconocer que han crecido y necesitan probar sus alas para volar, nos puede entristecer, pues sabemos que no tardarán en partir. Esta tristeza es parte natural del proceso de desprendimiento, de saber que "el nido se quedará vacío". Es el miedo y el dolor ante la pérdida.

Este miedo puede evitar que reconozcamos que nuestros hijos están creciendo y necesitan otro trato. A nivel subconsciente pensamos que si nos negamos a ver el cambio, entonces éste no ocurrirá. Que si nos empeñamos en seguir viéndolos y tratándolos como "pequeños", así se quedarán. Cuando a un hombre de 30 años lo seguimos llamando "Panchito" como cuando era bebé, nos muestra claramente que no hemos podido adaptarnos al cambio. Al igual que cuando una madre dice con orgullo: "Para mí, siempre será mi chiquitín, tenga la edad que tenga".

> "Hija, no puedes salir sin suéter, está haciendo frío". "Estoy bien mamá, no tengo frío", responde Jacqueline de 18 años. "Te vas a resfriar, hija, yo sé lo que te digo. ¡Ponte el suéter!" "No quiero, déjame en paz!", contesta la chica exasperada mientras sale rápidamente de la casa.

Creemos ser buenos padres al seguir atendiendo cada una de sus necesidades y no reconocemos que han crecido y tienen que tomar sus propias decisiones. Cuando decidimos por ellos, no les

permitimos aprender a responsabilizarse de sus vi
está harta de que su madre le diga qué hacer, es un
que con sobrada razón ¡se rebela! Así, aunque tenga
a poner el suéter, con tal de no darle a su madre el gu
trolar su vida.

Si por un lado están el miedo y el dolor a la separación, por
otro, tienen que estar la alegría y la admiración de verlos conver-
tidos en adultos, la satisfacción de haber contribuido a este proceso de maduración. El placer de contemplarlos crecidos, seguros
e independientes. El amor que les tenemos nos debe llevar a querer ante todo su mayor bien. *El amor y el deseo de que logren realizarse como seres humanos en libertad, tienen que ser más fuertes y
tener mayor peso que el miedo y el dolor de que nos dejen.*

En el amor están implícitos estos dos gestos: el de acoger y el
de soltar. Son movimientos opuestos, pero ambos necesarios
cuando queremos a nuestros hijos.

Como educadores tenemos que vivir con las siguientes preguntas:

Cómo proteger sin acobardar
Cómo sostener sin asfixiar
Cómo ayudar sin invalidar
Cómo estar presentes sin imponernos
Cómo corregir sin desalentar
Cómo guiar sin controlar
Cómo amar y dejar en libertad

Para lograr este equilibrio, necesitamos nuevamente, conciencia.

En algunos padres puede surgir el miedo de que sus hijos
tengan las mismas desgracias que les ha tocado vivir a ellos. Estos
padres proyectan sus problemas sobre los hijos y se esfuerzan por
evitarles sufrimientos similares.

"Cuando yo tenía 15 años fui a una fiesta y un muchacho que estaba ebrio, me violó. Yo no quiero que mi hija corra la misma
suerte. Aunque tiene veinte años, jamás la dejo ir a fiestas ni que
salga sola. Lo hago por su propio bien".

En otra situación podríamos ver que la madre que sufrió un embarazo fuera del matrimonio, ahora le inculca a la hija "que todos los hombres son unos animales". No la deja tener novio y la cela todo el día. Para desgracia de la hija, si crece con esa creencia, todos los hombres que atraiga van a ser verdaderos animales, pues la realidad se conforma a las expectativas que guardamos en nuestro subconsciente.

Desafortunadamente, cuando proyectamos nuestros miedos y temores sobre nuestros hijos, les arruinamos la vida. Imaginamos peligros absurdos y los defendemos de monstruos inexistentes. En nombre del amor que les tenemos, no les permitimos vivir ni disfrutar. Crecen atemorizados, a veces sin saber por qué.

Los padres que proyectan sus miedos también pueden perder el equilibrio al educar. Así, el padre que sufrió carencias económicas en su infancia ahora le da en exceso al hijo, y cuando le niega algo se siente tremendamente culpable. El que tuvo padres autoritarios ahora educa al hijo en total libertinaje, sin poder poner ningún tipo de límite. La que creció abandonada ahora no se separa jamás de los hijos. Oscilamos nuevamente de un extremo al otro, y los hijos sufren las consecuencias. El padre satisface su carencia, pero al hacerlo sacrifica al hijo.

Afirmaciones para padres temerosos

☆ *Mis miedos no le pertenecen a mi hijo/a. Sólo yo soy responsable de mis emociones.*

☆ *Elijo reconocer, analizar y responsabilizarme de mis emociones.*

☆ *Me sobrepongo a mis miedos para guiar con confianza a mi hijo.*

☆ *Doy a mi hijo el espacio que necesita para crecer.*

• Sobreprotejo por desconfianza

Me comentó una vez una madre de un niño de 8 años:

> "Es que si lo dejo que se bañe solo, se baña a su manera". Le tuve que contestar: "¿Y a la manera de quién se baña usted?"

La arrogancia nos hace pensar que sólo nosotros [...] bien las cosas. Frente al niño en vías de desarrollo [...] somos más eficientes y tenemos mayor experiencia. [...] mostrar nuestra superioridad, incluso a nivel incons[...] [...]os lleva a obstruir la necesidad del niño de ensayar en la vida para que él también pueda lograr esta maestría. Niño que no ensaya, no aprende. Niño que no aprende se vuelve inútil y dependiente. Niño inútil y dependiente es un niño incapacitado frente a la vida.

En vez de desconfiar de sus capacidades, necesito enseñarle a hacer las cosas. Tener el tiempo necesario para capacitarlo. De la misma manera que en una empresa se dedica tiempo para adiestrar a un nuevo empleado para utilizar una máquina, y no se le deja solo hasta que lo han supervisado y están seguros de su competencia, hay que dedicarle el tiempo suficiente al niño para que aprenda. Comprender que él necesita observar con todo detenimiento cómo hacemos las cosas y después ensayar una y otra vez hasta que logra hacerlo de manera eficiente. En ese ensayo se va a equivocar y los resultados no van a ser los deseados; pero si le tenemos paciencia, poco a poco, desarrollará la habilidad. Si le podemos tener paciencia a un empleado, ¿por qué no a nuestros hijos?

Como maestra he tenido la oportunidad de enseñar a niños muy pequeños, de 3 y 4 años, a vestirse y hacer tareas domésticas: a poner la mesa, a recoger y limpiar, a pelar y cortar verduras y fruta, a servir, etc. Cuando invitaba a observar a los padres de familia, se quedaban sorprendidos de lo que sus hijos eran capaces de hacer, pero no comprendían el porqué en casa eran tan inútiles. Les preguntaba: "¿Les das la oportunidad de que hagan las cosas? ¿Pides acaso su cooperación? ¿Les tienes paciencia?" Me contestaban apenados que no.

Sobreprotección y el niño discapacitado

Con el niño discapacitado, sobreproteger puede ser una gran tentación. Si despierta nuestra lástima, automáticamente hacemos todo para facilitarle las cosas. Creemos de manera equivocada que si evitamos que se moleste le hacemos un favor y que podemos compensar su dificultad con nuestra dedicación y ayuda. Nada está más lejos de la realidad. El niño discapacitado requiere que lo alentemos para que haga su mejor y mayor esfuerzo para vencer sus limitaciones y así desarrollar sus potencialidades al máximo. A mayores limitaciones, mayor esfuerzo, pero también mayor aprendizaje y satisfacción por sus logros. El niño discapacitado tiene definitivamente más retos y obstáculos que vencer y, por lo tanto, requiere de nuestro apoyo, no para solucionarle las cosas, sino para que desarrolle una voluntad tenaz que lo sostenga cuando tiene que tratar una y otra y otra vez para conseguir lo que se propone. Su peor enemigo es la sobreprotección, que no sólo subraya su limitación física o mental, sino que lo invalida emocionalmente. El mensaje que recibe cuando lo sobreprotegemos es: "No puedes y nunca podrás. Siempre necesitarás mi ayuda." Así, cuando resolvemos sus problemas y le facilitamos el trabajo, reforzamos su ineptitud y su dependencia. Justificamos su flojera, desgano y falta de iniciativa. El niño que a pesar de su discapacidad podría haber tenido muchos logros y éxitos, se conforma. Entonces resiente sus desventajas y duda de su valor. La lástima que recibe del adulto siembra el germen de su propia autolástima que con los años crece hasta invadirlo como un cáncer y convertirlo en un verdadero desvalido.

Para que el adulto que convive con personas discapacitadas pueda realmente ayudarlas, necesita entrar en contacto y vencer sus propias culpas y miedos. Es decir, sobreponerse a la culpa simbiótica que le susurra al oído: "¿Por qué es él el desafortunado y no tú?" o "¿Por que no lo ayudas si tú tienes tantas ventajas? Si lo complaces en todo te sentirás mejor". La culpa nos tiende una trampa cuando nos promete que si le hacemos caso, nos dejará en paz. El padre y el hermano de un discapacitado que se dejan convencer por esta culpa y caen en la sobreprotección, no se dan cuenta de que el precio de aliviar su incomodidad es inutilizar e invalidar al otro.

A la persona discapacitada le estorba la lástima pero sí necesita de nuestra compasión. ¿Qué significa esto? La lástima, cuando la vemos de frente, nos repugna, porque debilita, encoge y detiene. Anda del brazo de sus íntimas amigas, la manipulación y el chantaje. En cambio, la compasión evoca nuestro cuidado y amor. Contiene ternura con entereza y cuando se apoya en la confianza y la aceptación se puede convertir en un gran aliciente. Porque la compasión da calor al alma; la confianza, fuerza al espíritu; y la aceptación, seguridad a la persona. Entonces el discapacitado que se siente querido, apoyado y seguro puede conquistar alturas que nunca habría imaginado porque tiene el coraje y el valor que con el trabajo de su voluntad le permiten experimentar el "¡sí puedo!"

Un testimonio que nos puede servir de inspiración es el caso de Juan Ignacio Reyes, que a la edad de cinco años de edad perdió por un ataque de púrpura fulminante aunado a rubéola y escarlatina, sus dos brazos y la pierna izquierda. A pesar de su enorme desventaja, a la edad de 18 años ganó tres medallas en natación en los Juegos Paralímpicos del año 2000 en Sydney, Australia.

¿Cómo tuvo la fortaleza para sobreponerse a sus limitaciones físicas? Seguramente Juan Ignacio tiene una gran fuerza de espíritu pero también tuvo un apoyo incondicional de su madre que lo impulsó a crecer. De Socorro González escuché la siguiente anécdota en una conferencia:

> A Juan Ignacio le gustaba en las mañanas sacar todos sus juguetes para entretenerse, pero cuando terminaba era su hermana la que los recogía y guardaba. Un día mi hija me reclamó, "¿Por qué Juan Ignacio puede sacar los juguetes, y sin embargo no los puede guardar?" Ese comentario me hizo reflexionar y tomé una decisión. Al día siguiente, antes de que Juan Ignacio empezara a jugar, le advertí, "Si sacas tus juguetes también tendrás que guardarlos."

La vida constantemente nos murmura para despertarnos. Algunas veces esos susurros nos llegan a través de otras personas que sirven de mensajeros. En ocasiones escuchamos, en otras los ignoramos. Pero en este caso, aunque no podía vislumbrar en ese momento el alcance y la implicación que tendría a futuro dejar de invalidarlo, la madre de Juan Ignacio tomó la decisión de no sobreprotegerlo. En vez de eso, lo empujó y animó para valerse por sí mismo y ver sus limitaciones como motivos para desarrollar una determinación y disciplina férrea.

En una entrevista al periódico Excélsior de México, Juan Ignacio comentó a Adolfo Cortés:

> "La vida simplemente me dio otra oportunidad y creo que no la he desaprovechado. La lección más grande que he aprendido es que cada quién se pone sus propios límites físicos y mentales."

> "Me costó mucho trabajo, pero supe utilizar todo lo que quedaba de mi cuerpo y ser una persona autosuficiente... Claro, al principio me creía una persona inútil, pero mis padres en lugar de darme todo o convertirme en un consentido por mi problema me obligaron a hacer todo o casi todo valiéndome por mí mismo y con mucha disciplina... Nunca fui una persona discapacitada en mi hogar y eso con el tiempo ha sido lo más importante."

> "Aprendí a vestirme, a escribir sin mis brazos, pero sobre todo inicié la natación a los seis años como parte de rehabilitación... pero después me alejé de esta disciplina por siete años. En 1996, regresé como un hobbie, pero cuando me invitaron a un Nacional de Colima y gané una competencia me cayó el veinte y lo tomé más en serio."[1]

Hoy Juan Ignacio está becado en el Instituto Tecnológico de Monterrey en la Ciudad de México para estudiar la carrera de mercadotecnia y sus logros nos sirven de inspiración para comprender lo que el esfuerzo, el valor y la voluntad nos pueden procurar en nuestras vidas.

---

[1] Selección de artículos en Internet del 17 al 24 de Noviembre del 2000, tomado de la página de sociales del periódico Excelsior.

Aprovecho para compartir otro ejemplo: Cuando estudiaba para Guía Montessori, una de mis compañeras tenía una hija pequeña con acondroplasia. La niña era muy querida y procurada en el ambiente protegido que ofrecían el maternal y el kinder de esa institución, pero cuando estaba lista para pasar a primaria, sus padres tuvieron que enfrentarse con la difícil decisión de encontrarle una nueva escuela. Las alternativas eran: que permaneciera en un colegio pequeño, donde recibiría un trato especial pero que al pasar a secundaría tendría que cambiar nuevamente de escuela, o que desde primaria asistiera a un colegio grande donde seguramente sería la única niña con enanismo. Muchas personas les recomendaron la primera opción, pero ellos optaron por la segunda. Nos explicó su madre:

"Tiene que enfrentarse al mundo y saber valerse por sí misma. Le será difícil al principio, pero necesita confrontar y aprender a aceptar su situación."

Esta decisión requirió de mucho valor, pues pudiendo haberla sobreprotegido para tratar de facilitarle la vida, eligieron lo que pensaron sería mejor para ella a futuro. Cuando sólo vemos lo que conviene en el momento, sufrimos de miopía y dejamos de ver a largo plazo lo que es más provechoso. Olvidamos que el tiempo pasa rápido y que lo que ahora nos parece más cómodo, el día de mañana puede resultar oneroso. Actualmente, esta chica está casada, es licenciada en comunicación y trabaja en uno de los museos más prestigiosos de la ciudad de México. Sus padres deben sentirse muy orgullosos de haber podido ser un aliciente para que ella no sólo saliera adelante sino se convirtiera en un ejemplo e inspiración para otros.

Para concluir: aunque la sobreprotección es destructiva, tiene en su esencia algo positivo, pues surge del amor que tenemos a nuestros hijos. Pero es un amor contaminado de miedo, control, arrogancia, autoimportancia y desconfianza. Ese amor, al igual que si tomáramos agua sucia, nos hace más mal que bien. El niño necesita de nuestro amor, indudablemente, pero tenemos que depurarlo de todos estos contaminantes para que el amor que reciba lo haga crecer sano y fuerte, en todos sentidos. Depurar nuestro amor significa trabajar nuestras limitaciones, iniciar un proceso de crecimiento personal para no heredarles nuestras frustraciones, resentimientos y miedos.

> Un paciente va a ver al médico. Después de revisarlo le dice: "Usted tiene una enfermedad hereditaria". El paciente se queda pensando un momento y luego le dice: "Bueno, pues ahora mismo le doy la dirección para que le pase la cuenta a mis padres".

¡Cuidado! ¡Por ahí nos pueden pasar la cuenta! Lo que nos puede distinguir de las generaciones anteriores es precisamente nuestro deseo de despertar para educar con conciencia. Poder decidir qué, de lo que hemos heredado de nuestros padres, queremos transmitirles a nuestros hijos. Separar con cuidado lo que sirve de lo que daña y lastima. Tenemos la obligación de romper la cadena, hasta ahora inalterable, que nos ha unido generación tras generación, para dar algo distinto a nuestros hijos. Depurar nuestro amor para nutrirlo a nivel del alma con un alimento íntegro y sano que les permita crecer con una carga más ligera que la nuestra y puedan viajar por la vida, como dice Anthony de Mello: "ligeros de equipaje".

En resumen

Sobreproteger significa hacer por el niño o el joven lo que él puede hacer por sí mismo.

Causas de la sobreprotección:

- Confundo la sobreprotección con amor.
- La sobreprotección me da una razón de ser. Me hace sentir importante.
- La sobreprotección me permite controlar.
- Sobreprotejo por miedo.
- Sobreprotejo por desconfianza.

Consecuencias de la sobreprotección:

La sobreprotección acaba con la voluntad del niño y lo vuelve inútil, dependiente y flojo. Lastima su autoconfianza y lo convierte en un ser inseguro, cobarde y miedoso. La sobreprotección incapacita al niño y al joven para la vida.

Resulta fácil ver la paja en el ojo ajeno, pero se nos dificulta encontrarla en el propio. Las siguientes listas pueden ayudarlos a revisar y distinguir con mayor claridad las actitudes de sobreprotección.

Actitudes del niño sobreprotegido:

- Le cuesta trabajo adaptarse a nuevas situaciones y depende del adulto.
- Está acostumbrado a que le hagan las cosas y le sirvan.
- Nunca se ofrece a ayudar, no es servicial.
- No hace la tarea sin ayuda.
- Los niños de parientes y amistades de la misma edad son más independientes que él.
- Sólo hace las cosas si se le recuerda o si se le ayuda.
- Se pone de mal humor y se queja cuando tiene que esforzarse.
- Es miedoso e inseguro.
- Se queja constantemente de que lo molestan los demás niños.
- Pide las cosas lloriqueando.
- Es torpe e inútil.
- No tiene iniciativa.
- Tiene dificultad para relacionarse y se queja de que lo excluyen.
- Se acobarda con facilidad.
- Es flojo y caprichoso.
- Es egoísta e insensible ante las necesidades de los demás.
- Es demandante y exigente.

Actitudes de los padres sobreprotectores:

- Le hago la tarea y sus proyectos del colegio.
- Si lo molestan otros niños, intervengo para defenderlo.
- Cuando me pide las cosas lloriqueando, respondo automáticamente y soluciono su problema.
- Le cargo sus cosas cuando sale del colegio: mochila, libros, suéter, etcétera.
- Le doy de comer en la boca, lo visto, baño o peino.
- No le permito que participe en excursiones o acontecimientos a los que asisten sus demás compañeros, por miedo a que le pase algo.
- Reviso todo lo que hace. Siempre encuentro algo que corregir.
- Para protegerlo le provoco miedo. "Si no te fijas, te va a atropellar un automóvil ¡y te vas a morir!"
- Contesto por él.
- Escucho sus conversaciones y esculco sus cosas.
- Le "adivino el pensamiento". Estoy pendiente de todas sus necesidades y deseos.
- Me siento agobiada y exhausta al final del día.
- Estoy ansiosa y preocupada cuando estoy lejos de él.
- Mi mayor y único interés son mis hijos. Vivo para ellos.
- Aunque se queja, sigo llamándolo por sus diminutivos o sus apodos de "cariño".
- Selecciono sus amistades.
- Ignoro, tapo o justifico sus errores o equivocaciones. "Es que está cansado, extraña a su papá", etcétera.
- Nunca permito que otros adultos lo corrijan.
- Lo defiendo frente a sus maestros.
- Me encanta que dependa de mí.
- Jamás digo algo negativo de mis hijos a otras personas.
- Me siento culpable cuando no los ayudo.
- Aunque son adolescentes y protesten, yo les arreglo sus cosas y su recámara.

- Manipulo para que hagan lo que yo quiero.
- Cuánto más me necesita mi hijo, más feliz me siento.

Las actitudes que adoptamos en relación con nuestros hijos tienen su base o fundamento en las creencias equivocadas que tenemos en el subconsciente. Estas creencias, muchas veces, son heredadas de nuestros padres o resultado de nuestra educación. Revisemos algunas de ellas:

Creencias equivocadas:

- Mi hijo sólo puede hacer las cosas bien si yo le ayudo.
- El mundo es un lugar peligroso y sólo está seguro conmigo.
- Yo soy culpable si las cosas le salen mal.
- Sólo yo sé hacer las cosas bien.
- Mi familia y mis hijos tienen que ser perfectos.
- Es mi tarea asegurarme de que todo siempre esté en orden.
- Siempre les seré indispensable a mis hijos.
- Siempre serán mis "pequeños".
- Mis hijos siempre dependerán de mí.
- Mis hijos no son dignos de confianza.
- Amarlos significa hacerles todo.
- Amarlos significa complacerlos en todo.
- Si complazco todos sus caprichos serán felices.
- Mis hijos son mi razón de existir.
- Mis hijos siempre deben estar contentos.
- De mí depende que estén contentos.
- Es mi responsabilidad evitarles cualquier sufrimiento.
- Yo soy responsable de su felicidad.
- Debo ser la madre/padre perfecto.
- Debo sacrificarme para ser una buena madre/padre.
- Porque los quiero vivo preocupada por ellos.
- Yo soy responsable de los errores de mi hijo.
- Es por su bien que lo sobreprotejo.

Al leerlas quizá se encuentre pensando: "Evidentemente que están equivocadas, yo no pienso así". Pero si reconoció tener actitudes de sobreprotección en la lista anterior, tenga por seguro que tienen su origen en algunas creencias equivocadas que se ocultan en su subconsciente. Aunque a nivel consciente neguemos tenerlas, eso no significa que no estén arraigadas a nivel subconsciente. Observar nuestras actitudes frente a nuestros hijos y parientes nos ayuda a comprender qué necesitamos trabajar interiormente.

Las siguientes afirmaciones los pueden ayudar a transformar sus actitudes de sobreprotección.

Afirmaciones para padres sobreprotectores

☆ *Yo aliento a mi hijo para caminar por la vida y lo ayudo a crecer seguro e independiente.*

☆ *Comprendo que mi hijo se puede equivocar. Permito y perdono sus errores, que sólo son medios de aprendizaje.*

☆ *Confío en la vida y confío en la capacidad de mi hijo para aprender y madurar.*

☆ *Me sobrepongo a mis miedos para permitirle crecer en libertad.*

☆ *Celebro la libertad de mi hijo para avanzar en la vida.*

Preguntas para reflexionar

En mi familia de origen

- ¿Mis padres me sobreprotegieron o me abandonaron? ¿Me hubiera gustado sentirme más libre? ¿En qué situaciones hubiese deseado tener más libertad?
- ¿Confiaban en mí? ¿Me celaban o controlaban?
- ¿Me hacían sentir culpable cuando los dejaba? ¿Cómo fue mi separación cuando finalmente dejé su hogar?
- ¿Todavía siguen interviniendo mis padres en mi vida?

En mi familia actual

- ¿La edad física de mi hijo corresponde a su edad emocional? ¿Lo trato de acuerdo con su edad? ¿Tiene las habilidades de otros niños de su misma edad?

- ¿Qué miedos tengo en relación con mi hijo? ¿Me invade el miedo y controla mis decisiones?
- ¿Temo perder su amor? ¿Impide esto que le ponga límites?
- ¿El miedo a que crezca y me deje evita que lo ayude a valerse por sí mismo? ¿Pienso con tristeza que me quedaré sin una razón para existir cuando haga su propia vida y ya no le haga falta?
- Aunque me doy cuenta de que es flojo e inútil ¿no puedo evitar ayudarlo?
- Cuando permito que se las arregle solo ¿me siento culpable?
- ¿Si no le facilito las cosas o se las resuelvo, me siento "mala madre o mal padre"?
- ¿Se queja mi hijo de que lo controlo? ¿De que lo trato como un pequeño?
- ¿No confío en que pueda tomar las decisiones adecuadas y dudo de sus capacidades? ¿Por eso manipulo y trato de controlar todo lo que hace?
- ¿Interfiero en sus asuntos y lo defiendo porque no resisto la idea de que otros puedan molestar o lastimarlo?

capítulo 7

Educación consciente: capacitar, alentar y confiar

Empezaré por ofrecer un consejo práctico. Cuando su hijo le pida que haga algo por él, hágase tres preguntas:

1. ¿A quién le corresponde hacerlo, a él o a mí?
2. ¿Lo puede hacer por sí mismo?
3. ¿Es una excepción que le ayude, o es la regla?

Si a él le corresponde hacerlo, es capaz de realizarlo por sí mismo y ya se volvió rutina que yo lo ayude... ¡peligro!

- Deténgase y dígale: "Hijo, estoy segura de que tú puedes hacerlo muy bien solo".
- No se sienta culpable ni caiga ante sus súplicas y ruegos. Recuerde: ¡le están tomando el pelo!
- Manténgase firme y, poco a poco, su hijo dejará de depender de usted. Primero experimentará la natural resistencia ante el cambio, pero después sentirá el orgullo de valerse por sí mismo.

Como apoyo repita interiormente:

Estoy haciendo lo correcto. Yo soy el adulto en esta situación y a mí me corresponde decidir lo que le conviene a mi hijo. Me sostengo en mi decisión.

Y si contesta: "Pero es que ¡no puedo!" Hay que responder: "Claro que puedes, yo voy a ayudarte para que puedas". *Ofrecemos sólo la ayuda necesaria para que pueda valerse por sí mismo.*

Porque ése es el secreto: *no dar ni más ni menos ayuda de la que necesita*. Para eso es necesario observar. Algunos ejemplos:

- Si un niño pequeño no puede abotonarse, sostengo la camisa y él jala el botón. Así él experimenta el éxito: "Me ayudaron, pero pude lograrlo. Me siento bien conmigo mismo".
- Al niño que es un poco más grande, pero tímido, puedo decirle: "Yo te acompaño, pero tú le pides a la dependienta lo que necesitas". Quizá quiera ensayar lo que va a decir para sentirse más seguro, pero aunque me ruegue, no lo hago por él.
- Al adolescente que tiene miedo de manejar: "Yo te recuerdo cuando tengas que cambiar las velocidades y te ayudo a estacionarlo cuando regresemos a casa".

En pocas palabras, desarrollar ese sexto sentido para saber cuándo y cuánto apoyo necesitan. Si doy de más, sobreprotejo; si doy de menos, abandono. Cuando logramos el equilibrio, el hijo se siente respaldado, pero tiene la satisfacción de saber que puede lograr lo que se propone.

Capacitar

• Tómese tiempo

Muchos padres se quejan de la monserga de tener que hacer todo por sus hijos, pero no están dispuestos a ayudarlos para volverse independientes.

Así que la primera recomendación es que se dé el tiempo necesario para enseñarle alguna habilidad. Imagínese que está invirtiendo a largo plazo; esta semana le enseñó a amarrarse los zapatos dedicándole media hora todos los días, pero después él puede ponerse los zapatos solo. Por un lado, me ahorro tener que seguir amarrándoselos, mientras por el otro, le permito experimentar la satisfacción y el orgullo de poder valerse por sí mismo.

Mato dos pájaros de un tiro. Invierto mi tiempo ahora para enseñarle, pero a la larga me evito tener que seguir haciéndolo, al mismo tiempo que lo capacito para la vida.

Así que, tómese tiempo. Invierta hoy para cosechar mañana.

- **En vez de hablar, actúe**

Cuando el niño nace lo vemos desvalido y nuestro sentido materno/paterno nos lleva a querer cuidarlo y hacer todo por él. Conforme crece, este niño nos muestra el impulso natural que lo lleva a buscar ser independiente. El niño nos dice sin palabras: "Yo quiero ser como tú, mamá, quiero poder ser grande y valerme por mí mismo". "Yo quiero ser como tú, papá, y ser autosuficiente". De ahí surge la imitación. El niño imita de manera inconsciente al adulto buscando realizarse como persona. *La imitación es la herramienta que utiliza para absorber del adulto todo lo que es y hace, en su impulso por convertirse en persona.*

El niño pequeño hasta los siete años aprende a través de la acción. Es por ello que imita todos los movimientos del adulto. Si la madre barre, él quiere barrer. Si lee, él quiere leer. Si habla por teléfono, él quiere hablar por teléfono. Es realmente hermoso ver cómo el niño impulsado por esa necesidad innata de aprender y crecer, utiliza cada momento para copiar toda actitud, gesto e incluso tono de voz de los adultos que lo rodean.

> Celina, de 4 años, arrastra a su muñeca de trapo a su recámara. "¡Fea, fea!", le dice mientras le da varias nalgadas. Toma una silla y la pone en el rincón. "¡Ahí te quedas castigada! Y ¡ay de ti donde te pares!", le grita con el ceño fruncido mientras cierra la puerta de su cuarto.

Si observáramos a la madre, no nos sorprendería darnos cuenta de que habla o castiga a Celina de igual manera. El niño observa cuidadosamente lo que el adulto hace o dice y luego lo repite fielmente. Para él no hay juicio ni discernimiento, todo es digno de imitación. De ahí la gran responsabilidad del adulto que está frente al niño pequeño.

Recuerdo que la madre de una de mis alumnas me decía: "Yo no tengo que preguntarte qué pasó hoy en el salón, sólo tengo que ver cómo juega Paulina a la escuelita y sé todo lo que ocurrió. Habla tan parecido a ti que a veces pienso que llegaste de improviso".

Esta etapa de imitación es más marcada en el niño pequeño, pero podemos ver que se extiende hasta los 9 años. Hay que aprovechar esta etapa del niño en donde tiene este interés entusiasta por aprender, para enseñarle habilidades que le van a permitir volverse independiente. Esa independencia le dará autoconfianza y reafirmará su sentido de valor. Basta ver la cara de satisfacción de un niño cuando logra hacer algo solo.

En conclusión: el niño pequeño se apoya más en observar los movimientos que en escuchar explicaciones. En vez de hablar, ponga en práctica sus habilidades y conocimientos. Puede acompañar lo que hace con explicaciones sencillas, pero nunca explique sólo verbalmente. El niño necesita ver cómo lo hace.

• **Enseñe el proceso completo**

Así que si quiere enseñarle a limpiar, empiece mostrándole dónde guarda los trapos, moje el trapo y enséñele cómo lo exprime. Limpie con movimientos lentos y rítmicos, enjuague, exprima y tienda el trapo a secar. Cada actividad que enseñemos al niño tenemos que mostrársela paso a paso, como un proceso integral, desde el principio hasta su conclusión. De esa forma cuando le pidamos que limpie, sabrá qué hacer.

Si va a enseñarle a freír un huevo, empiece desde enseñarle dónde se encuentra la sartén, y termine mostrándole cómo guardar y dejar los utensilios limpios. Cocinar un huevo no es nada más freírlo, implica también dejar la cocina aseada.

Cuántas veces reclamamos al niño o al joven que cuando se preparan algo de comer, no limpian ni recogen; que cuando se bañan, dejan las toallas tiradas y el piso mojado; que usan los objetos pero no los acomodan en su lugar. Necesitamos enseñar el proceso completo e insistir en que no han terminado hasta que todo está en su lugar. Una cosa va relacionada con la otra. Si nos tomamos la molestia de enseñar el proceso completo, aunque nos sea difícil creerlo, llega a convertirse en un hábito y después lo hacen automáticamente.

• **Haga las cosas despacio**

Cuando le muestre cómo hacer algo, hágalo despacio. De manera muy lenta para que pueda ver cada uno de los movimientos. El niño pequeño puede desarrollar muchas habilidades, pero tiene un ritmo más pausado que el adulto. Eso significa que necesitamos bajar nuestro ritmo para adecuarnos al suyo. Si le damos tiempo, el niño aprende gustoso a realizar las cosas; pero si lo apresuramos, lo estresamos y desiste, o se frustra y termina enojado (véase "¡Apúrate mi hijito!", página 21).

Para ver estas situaciones a través de los ojos de un niño, imagínese que le han pedido que analice cuántos movimientos se necesitan para abotonar, por ejemplo, una camisa. Por un momento piense que tiene que describirlas verbalmente a un invidente. Como adultos son acciones que hacemos sin pensar, pues las hemos repetido infinidad de veces, y la tarea puede parecernos inicialmente muy sencilla. Conforme va describiendo los movimientos encontrará que estaba equivocado. Desarrollar la habilidad de vestirse para un niño implica dominar y refinar movimientos manuales muy complejos. Es una tarea más difícil de lo que a primera vista podemos apreciar.

Otra manera para descubrir algunas de las dificultades con las que se topan estos niños pequeños, podría ser intentar desarrollar una tarea doméstica usando unos guantes de jardín. Póngase los guantes y trate de abrir con una llave un cajón, o de doblar una pila de ropa limpia. Arregle la mesa y tenga mucho cuidado de no tirar los cubiertos ni los vasos, pues se le reprenderá. Ahora imagínese que le piden que lo haga rápido. Frustrante, ¿verdad? Podemos pensar que así se siente el niño que aún es torpe y no controla sus manos. Entendemos por qué se molesta y resiente cuando somos exigentes y no comprendemos su dificultad.

Espero que estos ejemplos hayan convencido al lector del porqué es importante movernos lentamente y tener paciencia cuando intentemos enseñar alguna habilidad.

Al niño y al joven téngales la misma paciencia que le tendría a un amigo que aprecia o a un empleado que respeta.

- **Supervise**

Supervisar quiere decir que una vez que le ha mostrado a su hijo o hija cómo hacer algo, ahora tiene que practicar. El niño, como cualquier persona, necesita ensayar una y otra vez.

Habrá invitados a comer y Nayeli de 5 años se ofreció para servir los vasos de agua. Su madre le pide que los coloque en la mesa de la cocina para no ensuciar el mantel. La madre observa de reojo cómo Natalia levanta la jarra, con dificultad, pero al tratar de vaciar el agua en el primer vaso, se voltea y el agua cae al piso. La madre quiere acercarse, pero decide no hacerlo y continúa moviendo el guisado en la estufa. Natalia recoge el vaso y va por un trapo para limpiar el agua. Los demás vasos los sirve sin problema. Una vez colocados en la mesa, Nayeli suspira satisfecha.

Supervisar significa que lo observa de reojo y guarda silencio. Sólo intervenga si lo siente verdaderamente indispensable. Hay que tener paciencia y corregir lo mínimo para no desanimar.

Fausto está aprendiendo a manejar. Su padre le ha mostrado cómo ajustar los espejos y cómo arrancar el auto. Ahora le pide que se siente en el lugar del conductor. Fausto trata de prender el auto pero acelera demasiado. El padre se exaspera y trata de controlar su enojo, pero le grita: "Hazlo como te enseñé ¡no aceleres de esa manera!"

Quizá una de las habilidades más difíciles de enseñar a nuestros hijos es la de conducir un auto. Invariablemente observo que tanto padre como hijo, terminan descontentos. La paciencia que a veces sí le tenemos al niño pequeño, está totalmente ausente para el adolescente. Los vemos crecidos y no entendemos por qué siguen inmaduros. Olvidamos que están en una etapa de transformación profunda, en donde no crecen parejos. Es decir, a veces el crecimiento físico se adelanta y la parte emocional tarda más en desarrollarse. Están inmaduros emocionalmente, aunque físicamente ya parezcan adultos.

El adolescente, al igual que el niño pequeño, necesita que se le capacite para hacer las cosas. A diferencia del pequeño, podemos dar indicaciones verbales que el joven podrá seguir con facilidad. Aunque es importante tratarlo como adulto, necesitamos seguirle teniendo la paciencia de un pequeño. Éste es el verdadero reto con el adolescente: *tratarlo como adulto aunque sabemos que todavía no lo es.*

Cuando supervise, recuerde:
- Está aprendiendo y se vale equivocarse.
- Tenga paciencia.
- No espere la perfección, pues no existe.

Alentar

Muchos padres son excelentes para enseñar al niño, pero olvidan dar el último paso: reconocer sus logros por pequeños que sean. *La tarea más importante de cualquier educador es alentar.*

Alentar significa:
- Acompañar al niño en su proceso de crecimiento dando el incentivo que necesita para seguir adelante.
- Sostener emocionalmente al niño cuando se equivoca para que no se desanime.
- Reconocer su esfuerzo independientemente del resultado.

Cuando el niño está en el proceso de imitación es torpe, se equivoca y hace las cosas mal. El niño pequeño que quiere servir un vaso de agua, seguramente va a derramar el agua si no es que rompe el vaso. El adulto necesita estar presente para que en vez de regañarlo, le dé un aliciente. Es decir, darle la confianza para que experimente las veces que sea necesario, hasta que logre dominar esa acción. Alentar quiere decir sostener el esfuerzo del niño para que no decaiga cuando no le salen bien las cosas. Al niño que tira el agua cuando trata de servir un vaso necesitamos decirle: "No importa, vuelve a tratar. Yo te sostengo el vaso y tú sirves el agua. Ya verás cómo lo haces mejor". Cuando hay un adulto que alienta, el niño tiene la fuerza para seguir intentando hasta perfeccionar lo que quiere lograr. Alentar da el apoyo necesario al niño para lograr lo que se propone y le ayuda a desarrollar su autoconfianza.

> Iris de 12 años regresa llorando a casa. "¡Estuve horrible! Me equivoqué tres veces cuando me tocó decir mi parte en la obra de teatro. ¡Los niños se rieron de mí!" El padre se acerca y la abraza. "Es la primera vez que tienes que hablar frente a tantas personas y te tocó una parte muy larga. ¡Creo que yo me hubiera equivocado más veces!" Cuando la ve más tranquila, le dice: "¿Quieres que te ayude a practicar? Te aseguro que si ensayas, mañana te irá mucho mejor".

El joven, al igual que el niño, necesita ser apoyado en este proceso de crecimiento, que tiene muchos momentos de desaliento. Algunos padres entienden la necesidad de alentar al niño pequeño, pero no al adolescente. Ignoran que el adolescente es un infante, sólo que en otro nivel de desarrollo. Ha subido un escalón, pero se siente tan inseguro y desprotegido como el niño que empieza a dar sus primeros pasos. Está entrando al mundo del adulto, pero no sabe todavía qué se espera de él. Su aparente seguridad es sólo una careta, una máscara que protege su vulnerabilidad. Este adolescente necesita ser alentado al igual que el niño pequeño para saber que el error es parte de la vida y un medio de aprendizaje. Alentarlo le infunde el valor para seguir adelante y se convierta en un catalizador de su autoestima.

> Juan, de 4 años, está acomodando sus juguetes sobre el estante. Coloca un camión pesado de metal sobre la tabla más alta, esto ocasiona que se caiga acompañado de los juguetes que ya había acomodado. Su madre, cuando escucha el golpe, se voltea para ver qué sucedió, pero no interviene. Juan, molesto, recoge nue-

vamente los juguetes e intenta ponerlos en el estante, pero esta vez coloca el camión en el estante inferior. Voltea a ver a su madre con obvia satisfacción. La madre se acerca y le dice sonriendo: "Qué bien te quedaron los juguetes, encontraste el mejor lugar para el camión".

Cuando reconocemos el esfuerzo que hace el niño, lo animamos para que siga intentando. Cuando no lo hacemos, dejamos al niño con un vacío. Olvidamos que aún depende del adulto para saber si lo que emprende está bien. Quiere reafirmar su éxito y en este afán se dirige a nosotros en busca de aliciente.

Irene de 16 años, ha pasado la mañana entera arreglando su cuarto. Arrastra dos bolsas llenas de basura y le dice sorprendida a su tía, que está de visita: "¿Puedes creer, tía, que había toda esta basura en mi cuarto?" La tía se muerde los labios y sólo piensa: "Sí, lo que me sorprende es que no hubiera más". Dos horas después la chica la invita a ver su obra maestra. "¡Vaya, qué cambio! Me encanta cómo colocaste esos caracoles y conchas que trajiste de Acapulco, Irene".

El reconocimiento lo necesitan los adolescentes tanto como los niños. La etapa de adolescencia es difícil, el joven se siente inseguro y aunque aparenta ser autosuficiente, aún necesita de nuestro apoyo. El sincero reconocimiento lo ayuda a fortalecer la confianza en sí mismo.

Pero ¡cuidado! Que no se le pase la mano.

La madre de Nicolás, que tiene 3 años, ha tomado un curso para padres en donde le han hablado de lo importante que es reconocer lo que el niño hace. Nicolás está en el portón de salida del colegio cuando ve a su madre y corre a encontrarla con un dibujo en la mano. "Nicolás, ¡qué increíble dibujo! ¡Seguro eres el mejor dibujante de toda la escuela! ¡Mira qué elefante tan hermoso! ¡Y no se digan las flores! ¡Mamá está tan orgullosa de ti!", le dice la madre dándole un beso.

Nicolás se sube a la camioneta. "Veo que ya puedes subirte solo, qué bueno que ya eres un niño grandote". Cuando se sienta: "Qué bien que recordaste ponerte tu cinturón de seguridad, estoy muy satisfecha contigo". Al llegar a casa, mamá le muestra el dibujo al padre: "¿No te parece increíble? Felicítalo, lo hizo él solito. Lo vamos a colgar en la pared de su cuarto". Al encaminarse al comedor: "Veo que te lavaste las manos solo, como niño mayor. Me da mucho gusto". "Qué bien estás comiendo..."

Esta madre bien intencionada cree que debe reconocer cada cosa que el niño hace. Al hacerlo pierde naturalidad y lo acostumbra a recibir atención constante de su parte. Corre el peligro de volverlo dependiente de sus comentarios; cuando no los reciba, sentirá que no se le toma en cuenta y se sentirá defraudado. Es necesario *observar al niño y darle reconocimiento sólo cuando realmente se ha esforzado.*

• **Alentar no es lo mismo que alabar**

Cuando alabamos caemos en la exageración y dejamos de ser sinceros. Los halagos tienen una cualidad melosa que empalaga y fomenta la hipocresía. Al niño pequeño no lo afecta, pero al niño mayor y al adolescente les fastidia. Como ya tienen la madurez para intuir la falsedad de lo que les decimos, en vez de animarlos les creamos desconfianza. Desconfían de nuestros halagos, y si están frente a sus amigos se avergüenzan francamente de nosotros.

El padre recoge a su hijo Ricardo de 5 años al final del partido de futbol. Con los brazos abiertos le grita a su hijo: "Venga acá, quién es mi campeón, sí, ¡¡mi campeón!!" Sonriendo y encantado el niño corre a sus brazos.

Cuatro años después el padre espera a Ricardo a la salida del partido. "¿Cómo estás campeón?" "Ya te dije que no me digas así!", responde Ricardo molesto mientras voltea a ver si sus amigos los están escuchando.

Las exageraciones, aunque el niño pequeño no las intuye y hasta le pueden gustar, al más grande le molestan. Detecta la falta de sinceridad.

¿Cómo debe ser el reconocimiento y porqué es importante?

- ## El reconocimiento debe ser sencillo, espontáneo y natural

  - ◆ "Muchas gracias por ayudar a bajar las bolsas del mercado".
  - ◆ "Qué bueno que te aceptaron en el equipo de beisbol. Entrenaste muchísimo y te lo mereces".
  - ◆ "Valió la pena el tiempo que le dedicaste a arreglar tu clóset. ¡Parece otro!"
  - ◆ "Quedó muy bien puesta la mesa, hijo".

Si no exageramos la forma en que lo hacemos ni pensamos que hay que reconocer cada cosa que hace, ayudamos al niño a que aprenda a darse él mismo ese reconocimiento y a no depender del reconocimiento externo. Pero hay que entender que este paso toma años y hay que tener paciencia.

- ## El reconocimiento permite al niño disfrutar el éxito

Hay padres que equivocadamente piensan que si reconocen los logros de sus hijos en vez de alentarlos, los volverán conformistas y dejarán de esforzarse. Aunque también ocurre entre mujeres, encuentro esta actitud especialmente común entre los hombres con sus hijos varones. El padre se niega a darle el reconocimiento cuando logra algo importante, pues piensa que si lo hace, entonces se "dormirá en sus laureles" y dejará de intentar. Justifican su actitud diciendo que lo "están motivando". Piensan: "si no lo reconozco se seguirá esforzando cada vez más". Si profundizamos un poco, podemos ver que esta actitud conlleva, por parte del padre, un orgullo mal entendido y competitividad hacia el hijo. El padre siente que pierde algo si reconoce sus logros. Como el avaro que no quiere compartir su riqueza, el padre se niega a darle al hijo algo que para él es vital: su aprobación.

> "¡Papá, papá! ¡Pasé matemáticas, pasé matemáticas!", grita Claudio corriendo hacia su padre al regreso del colegio. El padre toma el examen lo observa, y sin emoción alguna le dice: "Para estar tan feliz, por lo menos te hubieras sacado un ocho". La ca-

ra llena de expectación de Claudio se transforma en clara desilusión.

Me gusta decir, como broma, que si Claudio logra sacar el ocho
de calificación que pide el padre, entonces éste exigirá el diez. Y
si consigue el diez, le dirá: "Y la beca, hijo, ¿dónde está la beca?"
Haga lo que haga este niño, el padre nunca va a estar satisfecho.
Su aprobación para Claudio se convierte en algo inalcanzable, en
una ilusión que nunca se realizará.

Este padre podrá pensar que lo está estimulando para que siga esforzándose, pero no se da cuenta de que está dejándolo con
un hueco, un vacío significativo a nivel emocional. Que este hijo necesita de su reconocimiento para saber que lo que está lo-
grando es algo importante. Que va por buen camino. Que lo
quiere y está orgulloso de él. El reconocimiento es como la brú-
jula que guía los esfuerzos de nuestros hijos en la dirección co-
rrecta.

Cuando no los reconocemos, los dejamos con hambre, hambre de padre, hambre de madre. Hambre de escuchar: "Hijo, estoy orgulloso de ti, no necesitas hacer nada para ganarte mi amor.
Para mí tú eres importante y valioso".

Emilio Vázquez planea una reunión familiar para festejar su nuevo ascenso como director del banco donde trabaja desde hace
10 años. Hace cita con su padre y selecciona cuidadosamente
uno de sus mejores trajes para darle personalmente la noticia. El
padre lo recibe ceremoniosamente en su despacho, pero en vez
de felicitarlo, sólo le pregunta con aire casual: "Es un banco lo-
cal, ¿verdad?"

El padre no puede darle a Emilio el reconocimiento que, aún a
sus 40 años de edad, le sigue haciendo falta. Pareciera como un
hueco que quedó vacío desde su infancia y que, a pesar de haber
pasado tantos años y ser todo un ejecutivo, sigue teniendo como
carencia latente. Emilio, después del comentario del padre, re-
confirma lo que siempre ha sabido: que, haga lo que haga, nunca será suficiente. Y que nunca será lo suficientemente bueno o

valioso para su padre. Una película que ejemplifica maravillosamente esto es *Boiler Room* (traducido como *Ambición peligrosa*), con Edward Norton. En ella vemos el caso de un joven que se esfuerza para que el padre lo acepte y esté orgulloso de él. Su padre, en cambio, a pesar de quererlo, no se da cuenta de su necesidad ni comprende que en vez de ayudarlo a salir adelante, con su actitud desaprobadora, continuamente lo está desalentando.

Muchos hombres y muchas mujeres se quedan con esta necesidad insatisfecha. El éxito alcanzado en sus vidas no parece poder llenar esa carencia que sólo los padres pueden satisfacer. Cuántas personas no cambiarían los éxitos y aplausos de desconocidos por escuchar una vez: "Hijo, estoy orgulloso de ti". Frase corta y sencilla, pero que se quedó sin pronunciar.

El reconocimiento del padre le da al hijo una probada de lo que significa tener éxito, y, lo que es muy importante, le enseña a disfrutarlo. Así, cuando crece, sus logros van a ir siempre asociados y acompañados de ese delicioso sabor que tiene la satisfacción y el placer que sentimos cuando logramos lo que queremos. Si deseamos que nuestros hijos no sólo sean exitosos sino que puedan gozar de esos éxitos, necesitamos alentarlos, ser ese apoyo invisible pero siempre presente que los ayuda en momentos difíciles y los reconoce cuando consiguen lo que se proponen.

Confiar

Confiar es una palabra corta y sencilla, pero difícil de poner a veces en práctica. Hay personas que como se dice vulgarmente, "desconfían hasta de su sombra". Estas personas viven cuidándose las espaldas y creen básicamente que el mundo es malo. Piensan que todos quieren aprovecharse de ellos o, por lo menos, sacarles ventaja de alguna manera. El problema de vivir con esa desconfianza es que entonces uno se halla en constante estado de alerta, esperando siempre lo peor. La vida para ellos se vuelve muy pesada.

La desconfianza bien puede ser resultado de heridas pasadas que nos afectan y nos marcan. Si tuve una pareja que me lastimó, seguramente me costará trabajo volver a confiar en el siguiente hombre que me corteje. Pero preguntémonos: ¿Por qué es importante confiar? ¿Cómo le afecta al niño vivir en un ambiente de desconfianza? ¿Qué es la confianza?

El niño nace sin confianza en sí mismo. La tiene que desarrollar como muchas otras facultades y habilidades. Lo interesante es que *son los padres y los adultos que lo educan los que siembran esa semilla de confianza a través de la fe que tienen en él*. Esa semilla la tienen que plantar y cultivar los padres con su confianza en él, y es a través de sus cuidados que crece y se desarrolla. El niño ve a sus padres como sus dioses, que todo lo saben y todo lo pueden. Así, de manera inconsciente, el niño razona: "Si mis padres, que son todopoderosos, confían en mí, yo debo ser digno de confianza". El papel de los padres, por tanto, es primordial, pues de ellos va a depender que esta autoconfianza germine o muera.

Pero, ¿por qué es importante que el niño tenga confianza en sí mismo? Porque la autoconfianza es la fuerza que le permite estar bien cimentado en la vida, que lo levanta en momentos difíciles y lo empuja a volver a intentar. Lo sostiene en momentos de fracaso o desaliento. Gracias a su autoconfianza, insiste cuando le cierran la puerta o cuando le niegan lo que quiere. Es el ancla que mantiene al barco en su lugar cuando suben y bajan las mareas. La confianza le da permiso para atreverse a soñar, a buscar oportunidades, a tener aspiraciones. También le da la calma y la paciencia para esperar y recibir lo que sabe que merece.

La autoconfianza se alimenta de nuestro sentido de merecer y éste, a su vez, de nuestro sentido de valor. Porque sé que valgo como persona, sé que merezco. ¿Qué merezco? Lo mejor de la vida: amor, alegría, abundancia, felicidad. Todo ser humano merece esto, pero hay que estar convencidos y creerlo. Cuando el mensaje que enviamos a la vida es un mensaje lleno de confianza de que todo esto nos pertenece, la vida nos corresponde y nos lo otorga. Así creamos nuestra propia realidad, y una realidad muy hermosa, por cierto.

Muchas personas piensan que no valen y que, por tanto, tampoco merecen. Esa falta de valoración es resultado directo de su educación. Si fueron desalentados a través de humillaciones, sobreprotección, críticas constantes o expectativas cerradas, su autoestima nunca se desarrolló y crecen pensando que valen menos. Esta situación no les permite tener confianza en sí mismos. Todas estas limitantes marcan su vida, que termina reflejando y dándoles lo que creen que merecen: sufrimiento, dolor, escasez y tristeza.

La confianza también es pariente de la valentía. Cuando sobreprotegemos a nuestros hijos por miedo a que este mundo agresivo y violento los lastime, en vez de capacitarlos para saber defenderse, los volvemos débiles y pusilánimes. Efectivamente, vivimos una época de grandes retos, entonces, ¿cómo capacitarlos mejor para sobreponerse a los conflictos que les saldrán al encuentro? Si la sobreprotección los debilita, la confianza los fortalece. Cuando confío en mi hijo le doy permiso para que él también confíe en sí mismo. Le digo sin palabras: "Yo sé que tú tienes en ti todo el potencial para salir adelante". Esta confianza le inyecta el valor para mirar de frente, el peso para sostenerse en lo que cree, y la fuerza para enfrentar al mundo. Este valor le dará la voz cuando sea adulto para que pueda decir su verdad.

En cambio, una persona sin valentía es una persona tímida que camina a la sombra de los demás. Que sólo transita por el camino de lo seguro, pues teme adentrarse por las veredas desconocidas. Es una persona que quisiera, pero no puede. Que sueña pero no alcanza. Que se agacha y termina por conformarse. Al final de sus días se tiene que reprochar todas las oportunidades que la vida generosamente puso a su alcance, pero que por miedo no se atrevió a tomar. ¿Acaso queremos esto para nuestros hijos?

Ideas equivocadas sobre la confianza

- ## "Para que confíe en ti tienes que ser perfecto"

Una persona que exige de su pareja la perfección para que sea digna de confianza, pasa de una desilusión a la siguiente. Cada nuevo candidato se queda corto. Si para que pueda confiar en otro, éste necesita ser perfecto, ya estuvo que nadie será digno de su confianza. Se impone una meta imposible y cada experiencia la lleva a corroborar que todos los seres humanos son indignos. Así termina amargada y cínica. Pero no es de sorprendernos, pues está pidiendo un imposible: la perfección.

De igual manera, cuando un padre le dice al hijo: "Ya te perdí la confianza", probablemente está pidiendo al hijo que sea perfecto. En el momento en que no lo es y se equivoca, el padre le pierde la confianza. Decirle esto a un hijo es darle una estocada. Es quitarle un sostén muy importante y lo deja tambaleante. El muchacho entonces piensa: "Si mis padres, que son mis dioses, que todo lo saben y todo lo pueden, no confían en mí, seguramente no soy digno de confianza". Matamos el germen de su autoconfianza. Después nos sorprende que en vez de mejorar, empeore su comportamiento, pero no nos damos cuenta de que sólo está correspondiendo a lo que él cree son nuestras expectativas. Cuando espero lo peor, seguramente recibo lo peor. Aniquilamos interiormente a nuestros hijos cuando les perdemos la confianza.

La confianza que les tenemos está ligada al amor que sentimos por ellos y al reconocimiento de su valor. Tengo confianza porque soy capaz de ver a futuro lo que mi hijo puede llegar a ser, al mismo tiempo que acepto dónde se encuentra en este momento. *Ésta es la gran paradoja cuando educo: poder apreciar el lugar limitado en que se encuentra el hijo en este momento, al mismo tiempo que vislumbro hasta dónde puede ser capaz de llegar el día de mañana.* Este niño o joven está en crecimiento y necesita experimentar, probar y equivocarse, pero necesito ver más allá de sus presentes limitaciones para descubrir dentro de él al ser elevado que tiene en potencia. La confianza que le tengo permite que esta parte superior empiece a develarse.

Lorena se está graduando de sexto año de primaria y ha sido elegida para expresar palabras de agradecimiento al colegio en nombre de sus demás compañeros. Su madre, algo nerviosa, le comenta a su hermana: "No entiendo, apenas el año pasado tenía malas calificaciones y me decían que era una floja, y este año tiene el primer lugar. No comprendo cómo ocurrió el cambio".

Muy sencillo. La maestra de sexto grado de primaria tenía confianza en ella. La alentó y Lorena mostró sus mejores cualidades. La confianza que tenemos en nuestros alumnos o hijos puede ser el fertilizante que permita que florezcan aquellas partes que de otra manera podrían permanecer dormidas. La confianza de los demás nos da un empujón en la vida cuando estamos titubeantes, inseguros o escépticos. De igual manera, cuando confío en el niño, le aseguro, aunque sea de manera inconsciente, que es capaz de alcanzar lo que puede parecerle imposible. Lo sostengo, no para que no se equivoque, sino para que se atreva y aspire a crecer y a ser más.

• **Amenazo, controlo o castigo a través de "Ya no confío en ti"**

Hay padres que castigan a sus hijos diciéndoles: "Ya te perdí la confianza". El hijo se siente desalentado, pues piensa que ha defraudado irremediablemente a sus padres y se siente indigno.

Otros lo utilizan para amenazar o controlar: "Ten cuidado porque ¡te pierdo la confianza!" El padre se aprovecha de la impotencia que muestra el hijo ante el peligro de perder algo que es vital para él.

Están jugando con fuego. Perder la confianza en nuestros hijos significa que los invalidamos, que los despojamos de su dignidad. La frase "no confío en ti" no debería jamás salir de nuestras bocas. Podemos llamarles la atención por sus errores, hacerles saber que estamos en total desacuerdo con lo que han hecho y permitir que experimenten las consecuencias, pero haciéndoles sentir que como padres los queremos y confiamos en que van a levantarse y a escoger algo mejor la próxima vez. Nuestra confianza sustenta sus esfuerzos futuros.

- **"Te tengo una confianza ciega"**

El niño pequeño confía en todo y en todos los que lo rodean, no tiene la experiencia para distinguir y darse cuenta cuando alguien le miente o lo engaña. Está totalmente abierto al mundo y tiene lo que llamamos "confianza ciega". De ahí la gran responsabilidad que tenemos como adultos frente a él. Conforme crece va dándose cuenta, a veces en forma dolorosa, de que no todas las personas merecen su confianza. Observa, intuye y comprende que no todas las personas son fiables, y empieza a desarrollar la facultad de discernimiento.

Pero si en este proceso hay personas que se vuelven desconfiadas –he escuchado a algunas hasta decir "piensa mal y acertarás"–, también hay otras que se quedan inmaduras y quieren seguir confiando en todos. Estas personas sufren reveses y no entienden por qué, si "confiaron ciegamente en la otra persona". No todas las personas son dignas de nuestra confianza. Necesitamos aprender a discernir quiénes la merecen y quiénes no. Si no, estamos dejando la puerta de la casa abierta y luego nos quejamos de que nos robaron.

¿Quiénes, entonces, son dignas de confianza? Son dignas de confianza las personas que tienen carácter e integridad. Tener carácter significa que trato de vivir de acuerdo con mis principios. Estos principios, a su vez, están basados en nuestros ideales, los cuales nos permiten tener aspiraciones que nos llevan a ser mejores personas.

Si, por ejemplo, la veracidad es uno de mis principios y tengo carácter, trato de decir la verdad en toda circunstancia. Pero si sólo la digo cuando me conviene, o cuando no me queda de otra, y miento para quedar bien o para sacar provecho, entonces, no tengo carácter. *El carácter se mide según la frecuencia con la cual aplico mis principios.* Entre más aplico mis principios, más desarrollado tengo el carácter. Si sólo los aplico cuando me es conveniente o cuando me ponen en evidencia, entonces no tengo carácter.

Carácter e integridad están íntimamente ligados. Integridad significa que coincide lo que pienso y siento, con lo que hablo y hago. Si pienso que es importante respetar al niño, pero cuando me enojo, lo humillo y golpeo, no hay integridad entre lo que pienso, digo y hago. El pensamiento está separado del sentimiento y de la voluntad. Si predico la igualdad entre razas, pero tengo actitudes discriminatorias, no tengo integridad. Si hablo de honestidad, pero me aprovecho y robo cuando tengo la oportunidad, no tengo integridad. En pocas palabras, *lo que pienso, predico y hago tienen que coincidir.*

El señor Rivas está festejando sus 25 años de matrimonio con toda su familia y amistades. Una vez terminada la cena toma el micrófono y se dirige a sus 300 invitados. Con lágrimas en los ojos habla del amor a su esposa, la importancia de la familia y las recompensas del matrimonio. A medio discurso se levanta su hijo mayor y se retira del salón. En la puerta lo detiene uno de sus primos y le pregunta qué le sucede. "No soporto escuchar tanta mentira. Mi padre con sus discursos mientras mi madre aún no se recupera de la depresión de haber descubierto que tiene una amante desde hace 15 años".

No coincide lo que dice el señor Rivas con lo que piensa y hace. Trata de representar en su vida dos papeles, pero termina dañando a las personas que lo quieren.

"Para mí lo más importante en la vida son mis hijos. Verdaderamente vivo para ellos", dice Amalia orgullosa al grupo de mujeres que acaba de conocer en el diplomado que está estudiando. Las mujeres la escuchan con verdadera admiración. "Pero ¿cómo le haces? Tres hijos pequeños, estudiando y ¿trabajas también en la tarde?" "Sí, no tengo necesidad de trabajar pero me encanta. Lo admito, es difícil pero ¡me las arreglo!" Florencia, su amiga de toda la vida, voltea la cara para que no la vean mientras piensa: "Si sólo supieran los problemas que tienen sus hijos por lo abandonados que están. El mayor ya está en terapia. ¡Siempre están solos!" Al no tolerar más la conversación, Florencia se retira al baño.

Si predico que lo más importante en la vida son mis hijos, pero en realidad no tengo tiempo para ellos ni les doy atención, no hay integridad entre lo que pienso y digo con lo que hago. Se crea una especie de esquizofrenia entre las historias que platico y me creo en esos momentos, y lo que verdaderamente estoy viviendo. Pero la cruda realidad termina alcanzándome, y como un filoso alfiler revienta el globo de las fantasías que he tratado de sostener. Podemos engañarnos un tiempo, pero no toda la vida.

Este caminar tratando de aplicar nuestros principios no nos exige la perfección, pero sí tratar de esforzarnos por ser cada vez mejores personas. Tener carácter e integridad no quiere decir que no nos podamos equivocar, pues el error es parte de nuestro aprendizaje. Nos podemos equivocar, pero tenemos que reconocer y responsabilizarnos de nuestros errores. Pedir infalibilidad y perfección son exigencias absurdas, pero tratar de reconocer nuestras faltas y asumir nuestra responsabilidad es desarrollar nuestro sentido de integridad y fortalecer nuestro carácter.

> Celia ha sido citada en la oficina del director. "Señorita Alberdi, quisiera que me explicara qué ha ocurrido con el señor López Velarde". Celia pálida responde: "Desgraciadamente, señor director, soy responsable de que hayamos perdido su inversión. Los datos que le di en mi última entrevista estaban incompletos. Debí haber entregado el estudio completo, pero no lo terminé a tiempo, y el señor López Velarde se molestó y canceló su cuenta".

El director tendrá que decidir la consecuencia que amerita la negligencia de su empleada, pero también debe valorar su integridad y carácter. Celia no mintió para tapar su error ni trató de inculpar a otros. Puede sentirse muy avergonzada por haber perdido a un cliente importante, pero estar orgullosa de haber reconocido y afrontado su responsabilidad.

Conforme somos más íntegros y nuestro carácter se vuelve más sólido, nos acercamos cada vez más a nuestros ideales.

Aunque estos ideales son intangibles, abstractos e inalcanzables, nos generan el incentivo y la dirección para dar el siguiente paso en nuestra evolución como seres humanos.

Aquí cabría preguntarnos: ¿de qué depende el futuro de un país? De que sus ciudadanos tengan la facultad de discernir y elegir a los políticos que merecen su confianza, es decir, los que tienen carácter e integridad. El futuro de un país depende del desarrollo de la capacidad de discernimiento de sus ciudadanos. Pero es una de las facultades menos desarrolladas en el ser humano, como podemos observar por el estado en que se encuentran la mayoría de los gobiernos. Escogemos pillos y después nos estamos lamentando. Elegimos equivocadamente y luego no nos queremos responsabilizar de las consecuencias.

La corrupción de los gobernantes no es más que un reflejo del pueblo que gobiernan. Por algo el dicho: "El pueblo tiene el gobierno que se merece". Doloroso pero cierto. Hay que empezar a limpiar nuestra propia casa antes de exigir que nos barran las banquetas. Para exigir carácter e integridad en los demás tenemos que empezar por nosotros mismos. Mirar la paja en el ojo ajeno, es fácil, pero ¿quién ve la viga en el propio? Sólo podemos exigir a los demás en la medida en que nos exijamos a nosotros mismos.

capítulo 8

Actitud equivocada: expectativas cerradas

En el momento en que sabemos que vamos a ser padres, dejamos volar nuestra imaginación y empezamos a soñar con ese ser que aún no ha nacido. Nos lo imaginamos de acuerdo con nuestras preferencias o sueños no realizados. Si soy intelectual y voy a tener una mujer, quizá la imagino muy lista y asertiva, toda una ejecutiva exitosa. Pero si soy abierta y muy sociable, sueño con una hija bonita, simpática y muy popular. O si alguna vez deseé ser danzante y mis padres no me lo permitieron, ahora que voy a ser madre me la imagino como una gran bailarina de ballet, talentosa y envidiada por los demás.

Si va a ser hombre, y si en mi familia disfrutamos del deporte, quizá lo imagino como un destacado futbolista. O siguiendo la tradición de la familia, sueño que es un prominente ingeniero, abogado o médico. Si algún día soñé con ser músico y me obligaron a tener otra profesión, ahora lo imagino como un reconocido violinista.

Cuando nace este niño, por unos momentos soltamos nuestras expectativas y nos acercamos a él con ese amor que nada espera, pues percibe la perfección de lo que "es". Con ese amor más libre que acepta plenamente.

Josefina, rodeada de su esposo y los abuelos, recibe por primera vez en sus brazos a su hija recién nacida. Con lágrimas en los ojos la destapa cuidadosamente. "¡Nunca he visto a un niña tan hermosa! ¡Está preciosa!", dice la abuela mientras los demás asienten con la cabeza.

Unas horas más tarde llegan los sobrinos a ver a la niña en el cunero. La enfermera sostiene al bebé en brazos para mostrárselos a través del cristal. El niño la observa y le comenta a su hermana: "Está horrible. ¿Por qué diría la abuela que está bonita?"

¿Por qué decimos que son hermosos estos pequeños recién nacidos de pelos parados y piel arrugada? Quizá porque los percibimos a través de un amor más puro que nos abre el corazón y permite que ante la perfección del recién nacido nos llenemos de asombro. Es en estos momentos que trascendemos lo físico para ver más allá de lo material, y ante el reconocimiento del milagro de su existencia, nos llenamos de admiración.

Pronto nos alejamos de estos vislumbres de amor menos condicionado. Dejamos de percibir lo intangible y nos atoramos en el cascarón. Perdemos la conexión con aquello que es sagrado en el niño, para querer imponer de manera egoísta nuestras preferencias y deseos. Aparece un amor lleno de expectativas y condiciones.

Estas expectativas cerradas de los padres generalmente no se presentan como un problema en los primeros años del pequeño:

Baltasar, de 3 años, patea una pelota en el jardín. El padre orgulloso lo admira desde la ventana. "Mira, Rosalinda, ¿qué te dije? Baltasar va a ser futbolista. ¿Ya viste con qué agilidad le pega a la pelota? A ver quién dice lo contrario ¡es igualito a mí! Deja que cumpla seis años y me lo llevo a que entrene en el equipo".

¿Quién va a decirle a este padre que a todos los niños de esa edad les gusta patear una pelota? El padre puede todavía quedarse varios años con la ilusión de que su hijo será lo que él espera.

Sueños frustrados

Pero ¿qué ocurre cuando los años pasan y el niño no realiza los sueños de los padres?

"Señora Rodríguez, quisiera en esta entrevista aprovechar para decirle que su hija es un encanto. Es muy sociable y muy cariñosa, pero creo que aunque tiene varios años en mi clase, no le interesa realmente el baile. No quiero decirle que sea torpe, no, tiene cualidades de bailarina; pero no le gusta bailar. Estoy convencida que estaría más contenta si, en vez de ballet, intenta meterla en clases de natación o pintura". La madre escucha con aparente desilusión la explicación de la maestra. "No todos las niñas son para clases de ballet, estoy segura de que encontrará otra clase…"

La señora Rodríguez, por supuesto, ya se había dado cuenta de que a su hija el ballet no le interesaba, pero se había negado a aceptarlo. Hacía meses que los días de clases, martes y jueves, se habían convertido en batallas campales. Sólo con chantajes y amenazas lograba convencerla de que asistiera. Sin embargo, había seguido insistiendo apoyada por el sueño de tener una bailarina en la familia. Ahora, después de la entrevista con la maestra, se siente defraudada, pues le queda claro que su sueño no se va a realizar.

Y ¿qué sucede con el niño que los padres esperaban que fuera un "cascabelito social"?

"Mi hijo, por Dios, no te cuelgues así de mi ropa ¡me la estás arrugando!", le dice la madre a Simón, de 5 años, que no quiere entrar a la fiesta. "Está bien, yo te acompaño, pero ya te dije que no me voy a quedar. Están todos tus compañeritos de la escuela y te vas a divertir mucho con la piñata." "¡Odio las piñatas, no quiero pegarle a la piñata!", solloza Simón mientras se limpia la cara en la falda de la madre. "¡Entra, por favor! No tienes que pegarle a la piñata", le contesta exasperada la madre mientras piensa: "¡Me desespera este niño! No entiendo a quién salió, con lo que a mí me gustan las fiestas".

Una madre sociable y abierta no puede comprender que su hijo sea tímido y solitario. Le parece increíble que prefiera jugar en casa con el perro que asistir a una divertida fiesta. Las preferencias de su hijo le parecen aburridas y sin sentido; si no comprende las diferencias en sus temperamentos, insistirá en tratar de cambiarlo. Esto sólo traerá frustración a ambos.

Pero ¿qué del niño brillante?

"Señora Sánchez, qué bueno que me la encuentro en el estacionamiento. La he llamado varias veces a su casa y le he dejado muchos recados, pues quería decirle desde hace varias semanas que estoy teniendo dificultad con su hijo Rubén en relación con la lecto-escritura. Quisiera pedirle que le hagan una pequeña evaluación..." "Cómo, una qué?", interrumpe la madre alarmada. "Una evaluación, un reconocimiento, pues creo que tiene problemas de aprendizaje". "Mire, maestra, mi hijo Rubén es un niño muy inteligente, mi esposo y yo lo hemos constatado desde que nació. En mi casa reconoce perfectamente bien las letras, lo que sucede es que aquí en el colegio no han sabido estimularlo. Con toda razón nos dice que no quiere venir y ¡que se aburre!" La madre, claramente molesta, se sube a su automóvil y arranca. La maestra la ve retirarse y desanimada, suspira.

La señora Sánchez y su esposo quieren un hijo intelectual y no están dispuestos a que alguien los contradiga. Probablemente cambiarán primero al niño de escuela antes que admitir que necesita ayuda especial. En el nuevo colegio se toparán con la misma dificultad y, si el caso es severo, finalmente se verán obligados a admitir que tiene problemas de aprendizaje. Entonces, tendrán que contemplar la opción de meterlo a terapia. Si el caso no es muy crítico y la escuela no insiste en la terapia, los padres seguirán en negación e insistirán en que sólo es problema de flojera y cuestión de que "le eche más ganas". Este niño crecerá presionado, sintiendo que "no da el ancho". Su autoestima se verá muy afectada, pues lo tacharán de tonto, lento o flojo.

En mi trabajo, como directora de escuela, he tenido casos en que los padres han escogido cambiar al niño a otro colegio antes que admitir que necesita ayuda. Otros han preferido que el niño siga sufriendo toda su educación escolar con sus problemas de aprendizaje, antes que aceptar que asista a una terapia. Es realmente triste ver a niños a los que se pudo haber ayudado, pero que por la necedad de los padres de sostener sus propias expectativas irreales, se les ha dejado con estas dificultades para toda su vida.

¿Por qué tenemos expectativas cerradas con respecto a nuestros hijos?

- **Porque pensamos que nos pertenecen**

Tenemos expectativas cerradas porque *insistimos en ver a nuestros hijos como nuestras pertenencias.* De la misma manera que pensamos que tenemos el derecho a cambiar la fachada de nuestra casa o el modelo de nuestro automóvil, porque están pasados de moda o ya nos cansaron, pensamos que podemos transformar a nuestros hijos para que cumplan nuestros gustos, nuestros sueños o nuestras expectativas. Si pensamos que somos sus dueños, entonces, creemos equivocadamente que tenemos derecho a disponer de sus vidas a nuestro antojo.

> "¿Ya se inscribió Samuel en la universidad? ¿En cuál va a entrar por fin?", pregunta la tía María Luisa. "En la Universidad Anáhuac, por supuesto", contesta la madre orgullosamente. "Pero él me dijo que quería entrar en la UNAM a estudiar arquitectura...", comenta desconcertada la tía. "Cosas de Samuel, que no sabe qué le conviene. Ya hace tiempo que su padre le explicó que los arquitectos se mueren de hambre y que la UNAM no es una universidad para su nivel. Pero, cambiemos de tema. ¿Cómo estás de tu operación?"

- **Porque pensamos que son nuestra extensión y afectan nuestra imagen**

O quizá, más que pertenencias, *pensamos que nuestros hijos son nuestra extensión.* Cuando los vemos de esta manera, o sea, como parte de nuestra persona aunque estén separados físicamente, queremos mantenerlos a raya para dar la mejor impresión posible, porque afectan nuestra "imagen". Esa imagen es la impresión que los demás tienen de nosotros. Para algunas personas, mantener y cuidar esa imagen es su primordial interés.

> "Por favor, Renato, te suplico que no te pongas esos pantalones de mezclilla hoy que vamos a la iglesia. Estarán todas mis amigas y el jefe de tu padre. Van a pensar que eres un pordiosero y

que no tenemos dinero para comprarte algo mejor. Me vas a matar de verguenza", le dice la madre a su hijo adolescente, que está acostado en el sofá viendo la televisión. Con cara de desenfado el hijo voltea y le contesta: "Pues entonces no voy. Si no me puedo vestir como yo quiero, mejor me quedo". "¡Haz lo que quieras, pero así no te presentas con la familia!", le grita la madre.

Si todo lo que hacen afecta nuestra imagen, necesitamos controlarlos cuidadosamente.

"¿Ya saludaste a la tía Pepita? Habla claro y fuerte, si no no te escuchan", le susurra la madre a Mara de 17 años, que le está ayudando a servir el té a su grupo de amigas invitadas. Sin perderla un segundo de vista, cuando se acerca le dice: "No te cruces por enfrente. Falta que le ofrezcas algo de tomar a la señora Menéndez". Cuando Mara se vuelve a acercar, la toma del brazo y la conduce a la cocina: "Jálate la falda, la tienes torcida. Recuerda ser muy amable y simpática con la señora Rugarcía, es la señora del vestido rojo, la esposa del socio de tu padre. Me gustaría que te presentara a su hijo el mayor". Mara tuerce la boca. "¡No me hagas caras!, es un excelente chico y sé que te va a encantar".

Cuando los padres quieren que un hijo sea perfecto en su afán de que corresponda a la imagen que tienen de la familia, lo obligan a perder su naturalidad, su espontaneidad y se convierte en una copia de los deseos de los padres.

El mensaje que la hija recibe es:

"Te quiero si eres como yo deseo: bonita, delgada, inteligente, obediente, estudiosa, simpática, cariñosa…etcétera".

• **Por qué espero que mi hijo llene mis huecos emocionales**

Las expectativas cerradas tienen la función de llenar los huecos emocionales de los padres, como ya les mencioné en el capítulo "El niño invade el espacio de los padres". Les mencionaré algunos ejemplos.

Anselmo y Cynthia están teniendo problemas matrimoniales. Ella se entera del amorío de su esposo con una colega de trabajo.

Aunque él le asegura que sólo fue un "flirteo", ella sospecha que la relación persiste. A los pocos meses, Cynthia le comunica que está embarazada y Anselmo recibe la noticia sin entusiasmo. Durante el embarazo él se esfuerza por atenderla y ser cariñoso, pero su desinterés es evidente. Cuando el bebé tiene cinco meses de nacido, los abandona.

En este caso la madre tiene la expectativa de que el hijo arregle los problemas que tiene con su esposo. En vez de afrontar la situación, manipula a su pareja a través de tener un hijo cuya llegada espera cambie la situación. Cuando esto no funciona y el padre los abandona, la madre se llena de resentimiento y puede tener la tentación de desquitarse con el hijo que la defraudó.

Daniela se casa con Cristóbal, "el mejor partido del pueblo". Su marido es cariñoso y ella está feliz con su nueva vida de casada. Pero a los pocos meses su esposo es ascendido a subdirector de la empresa y tiene que trabajar con un horario muy largo que muchas veces incluye los fines de semana. Daniela se siente abandonada, pero al quedar encinta dirige toda su atención a la llegada de ese niño. Con él empieza a llenar su vida vacía y a aliviar su soledad. Se vuelve una madre sobreprotectora que vive a través de su hijo.

Cuando éste crece y quiere irse a la ciudad para realizar sus estudios superiores, la madre se opone terminantemente. Ningún prospecto de matrimonio le parece digno de él, pero cuando insiste en casarse, de regalo de bodas, le da el terreno al lado de su casa. Tres años después, cuando el hijo y su familia deciden mudarse a vivir al extranjero, la madre amenaza con morirse del dolor. A los pocos meses le da una embolia que le deja medio cuerpo paralizado. El hijo se queda para atenderla.

En este caso, Daniela está insatisfecha con su vida y busca que el hijo llene ese hueco emocional. Para ella, el hijo le da su razón de vivir. El hijo, por amor y lealtad, acepta por años este papel, pero cuando siente el impulso de desprenderse para realizar su propia vida, no tiene la fuerza para soltarse. La manipulación y el amor enfermizo de esta madre le han cortado las alas. Ella está dispuesta a morir antes que permitir que el hijo la abandone.

"Alexia, por Dios, no hagas eso que enoja a mamá". Alexia, de 2 años, levanta la vista y observa la cara desaprobadora de Brigitte, su madre, que la ve jugando con la tierra del jardín. Una hora más tarde están sentadas a la mesa del comedor: "Sí, chiquita, cómete todo para que mami esté feliz". En la noche Brigitte mete a la niña en su cama y le advierte: "Si no te duermes mamá va a estar ¡muy triste!"

Cuando pasan los años y Alexia tiene su propia familia, siempre está pendiente de las necesidades de su esposo y de sus hijos. Una tarde está preparando una cena para los socios de su marido cuando siente un fuerte dolor de vientre. Se toma unos minutos para reponerse, pero continúa haciendo los preparativos. Aunque el dolor va en aumento sirve la cena y atiende sonriente a los invitados. Cuando el último socio se ha despedido, y el marido entra a la cocina, la encuentra en el piso desmayada. Una vez en el hospital, cuando su esposo le reclama por no haberle dicho que se sentía mal, ella le contesta: "Es que no quería arruinarte la cena".

Alexia aprendió desde muy temprana edad que ella existe para hacer feliz a otros. Su madre le enseñó que de ella dependía que estuviera contenta y que era culpable si se enojaba o estaba triste. Brigitte educó a Alexia para estar siempre pendiente de los sentimientos de los demás y ser complaciente en todo momento, sin importar sus propias necesidades. Por eso prefirió atender a sus invitados antes que ocuparse de su propio malestar. Cree que "los demás son más importantes que ella, y que ella no cuenta".

Las personas que son educadas para complacer a otros, pierden contacto consigo mismas, con su identidad. Con tal de pertenecer y ser aceptadas, subordinan sus deseos y preferencias para atender a los demás. El precio que pagan es muy alto. Se vuelven incoloras, transparentes, y los demás las utilizan para su conveniencia. Pero esas necesidades ignoradas por tantos años, terminan convirtiéndose en una herida que supura resentimiento y que, poco a poco, acaba enfermando emocional y físicamente a la persona.

Sería interminable la lista si intentara mencionar todos los casos donde los padres tienen expectativas de los hijos para llenar sus propios huecos emocionales. Basta ver la exitosa película mexicana *Como agua para chocolate*, para tener un ejemplo más de cómo utilizamos a los hijos para satisfacer nuestras necesidades como padres.

Estos vacíos dentro de nosotros claman ser atendidos, pero equivocadamente buscamos llenarlos, desde afuera, a través de nuestros hijos. Esto es un espejismo, pues sólo nosotros podemos aliviar esas necesidades. El ser humano sólo puede sentirse completo y satisfecho cuando es capaz de amarse a sí mismo, en vez de depender del amor de otro, como un náufrago sediento que demanda ser salvado de perecer. Cuando sé que valgo y me quiero a mí mismo, entonces el amor que recibo de los demás es un regalo. Regalo que puedo recibir con gratitud, pero sin exigencias.

Así, cuando aprendo a atender mis propias necesidades, cuando me doy a mí mismo, es que puedo dar a otros, porque como bien sabemos, no podemos dar lo que no tenemos. Afortunadamente, hay muchas terapias, cursos y libros que, si deseamos, nos pueden orientar para sanar nuestras heridas emocionales, y no tener que caer en la tentación de utilizar a nuestros hijos como paliativos.

De la negación a la frustración

Algunos niños, sin darse cuenta, se dejan conducir y responden dócilmente ante estas expectativas de los padres. El niño y el padre, entonces, no tienen problema y la relación se desarrolla de manera cordial. Pero si el niño o el joven despiertan y deciden que lo que el padre quiere no concuerda con sus deseos, entonces empieza el conflicto. También hay dificultades si el niño no tiene las cualidades o habilidades que el padre espera. En este caso, el padre se siente defraudado por el niño, que no es lo que él esperaba.

Las expectativas cerradas son un espejo empañado a través del cual los padres creen ver al hijo. En realidad están viendo sólo un reflejo de lo que ellos quieren y esperan, que nada tiene que ver con lo que el niño es. Así el padre cuyo hijo tiene dificultades para estudiar, insistirá, en contra de todas las opiniones y la voluntad misma del chico, en que estudie y termine una carrera. El padre estará dispuesto a comprarle el título antes que reconocer que su hijo no tiene el interés o la capacidad.

"Eres un excelente vendedor, Ignacio, podrías venderle una cámara fotográfica a un ciego", dice Inés riendo mientras recorren una casa que está en venta. "Naciste para vender. Pero ¿qué no estudiaste para abogado?" "Sí, estudié para abogado porque mi padre no me dio otra opción; a fuerzas quería que alguno de sus hijos estudiara su misma carrera, y creo que se aprovechó de mí por ser el más débil. Después de cinco años en que odié estudiar en la universidad, se frustró porque jamás ejercí como abogado. Pero ahora soy feliz vendiendo bienes raíces".

Conforme van pasando los años, si el niño no cumple las expectativas de los padres, primero, quizá, los padres pasen por una etapa de negación, en donde "ven lo que quieren ver". Puede ser que se resistan a darse cuenta de que el hijo tiene problemas en la escuela y necesita ayuda, o de que los maestros y amigos se quejan de sus groserías y agresión, o de que ese tic nervioso es resultado de la presión absurda que han ejercido sobre él. Se rehúsan a escuchar a los amigos, parientes y maestros, que después de un tiempo desisten para "seguirles la corriente". Sólo cuando los hechos son demasiado contundentes, puede que salgan de esa etapa de negación para darse cuenta de que el hijo no es lo que esperaban. Si iba a ser tranquilo, dulce y cariñoso, es un torbellino inquieto, brusco y agresivo. Si querían una niña hermosa, a la mejor tiene sobrepeso y no es muy agraciada. Si querían un hijo deportista, resulta que es torpe y prefiere pintar. Si iba a ser simpática y sociable, es introvertida y callada. Si iba a ser brillante en el colegio, odia o se le dificulta estudiar.

¿Qué pasa con la frustración que sienten los padres cuando el hijo no cumple con sus expectativas? Primero puede ser que esa frustración recaiga en el colegio, como en el caso del niño con problemas de aprendizaje. O el padre puede culpar a la madre de que el niño sea débil y consentido y, por tanto, no le guste el deporte. O la madre culpar al padre de que el hijo sea brusco y desobediente. Pero finalmente *la frustración de no ver sus expectativas realizadas termina recayendo en el niño.*

La frustración se torna en vergüenza

Desafortunadamente, el niño no puede comprender que estas expectativas de sus padres nada tienen que ver con él. No puede darse cuenta de que lo que se le está imponiendo es injusto y caprichoso. Lo único que alcanza a entender es que estos dos seres que son sus dioses, a los cuales quiere sobre todas las cosas y de los cuales depende en su totalidad, están insatisfechos con él. Los ha defraudado y es causa de su frustración y enojo. *La frustración de los padres, cuando recae sobre el niño, se transforma dentro de él en vergüenza personal.* El niño siente a nivel subconsciente: "Si mis padres están insatisfechos conmigo, yo debo estar defectuoso. Si no están contentos conmigo, algo dentro de mí debe estar mal. Yo estoy mal". Como no puede asumir que son lo padres los equivocados, esta frustración se convierte en vergüenza personal que carga para toda la vida. La vergüenza de saber que no es lo que debió haber sido. La vergüenza de no dar la talla. La vergüenza de ser culpable de la decepción e infelicidad de los seres más importantes en su vida.

Así es como el niño crece discapacitado a nivel emocional. Así es como mermamos el desarrollo de su autoestima. Porque ¿cómo va a quererse a sí mismo si se siente defectuoso? ¿Si no se siente aceptado y querido como es? ¿Si quisiera ser distinto para complacer a los padres, pero no puede?

Tenemos que sentir gran compasión por este niño que sufre esta pena enorme: la de saberse indigno de la aceptación y del amor de sus padres.

Hagamos una pausa para revisar algunas actitudes que podemos tener como padres cuando tenemos expectativas cerradas.

Actitudes de padres con expectativas cerradas:

- Aunque mi hijo es pequeño, tengo decidido lo que va a estudiar en la universidad.
- Es importante que siga la tradición familiar y sea un honor para la familia.
- Tiene que aprovechar los contactos de la familia para lograr el éxito.
- Cuando mi hijo está desaliñado me avergüenzo de él.
- Yo sé lo que más le conviene, su opinión no es muy importante.
- Con los años cambiará de opinión, será razonable y nos dará la razón.
- Sus sueños son tonterías.
- Por ningún motivo acepto que no vaya a la universidad.
- Me niego a escuchar lo que sus maestros me dicen. Son ineptos y lo que opinan no es digno de tomarse en cuenta.
- Quisiera cambiar su temperamento. (Si es bullicioso, quisiera que fuera tranquilo, si es introvertido, quisiera que fuera sociable, etcétera.)
- Me siento decepcionada de él. No es lo que yo hubiera querido que fuese.
- Quisiera que fuera delgada, odio a los gordos.
- No le encuentro cualidades. Me avergüenzo de él.
- Hubiera querido que fuera hombre (si es mujer), o mujer (si es hombre).
- Siento envidia de los padres con hijos brillantes, bonitos o simpáticos.
- No permito que mi hijo tome sus propias decisiones.

- Me esfuerzo porque mi hijo parezca perfecto, tapo sus errores.
- Manipulo para que haga lo que yo quiero.
- Si sólo se arreglara y se pusiera a dieta…
- Yo sé qué amigos le convienen.
- Mi hijo debe obedecerme siempre.

Como hemos visto en los capítulos anteriores, estas actitudes tienen su raíz en creencias equivocadas. A continuación enumero algunas.

Creencias equivocadas:

- Sólo yo sé lo que le conviene a mi hijo.
- Mi hijo es un reflejo directo de mi persona.
- Mi hijo me pertenece. Puedo hacer con él lo que me plazca.
- Puedo cambiarlo y moldearlo a mi antojo.
- Siempre seré responsable de él.
- Mi hijo está aquí para hacerme feliz.
- Mi hijo debe siempre complacerme.
- Yo merecía un hijo mejor.
- La vida es injusta dándome a este hijo.
- Los hijos sólo traen penas.
- Sólo los que estudian una carrera universitaria pueden tener éxito en la vida.
- Yo sé lo que puede hacer feliz a mi hijo.
- Necesito controlar su vida para asegurarme de que todo esté bien.
- Mi hijo me contradice para lastimarme.

Las siguientes afirmaciones pueden ayudarles a soltar sus expectativas limitadas y empezar a reconocer la individualidad de cada uno de sus hijos. A ver más allá de las apariencias y a vislumbrar el regalo que cada uno de ellos trae a la vida. También pueden ser de utilidad con ese hijo rebelde, cuyo comportamiento les parece incomprensible, para que puedan respetar sus decisiones y hacerse a un lado para permitir que aprenda las lecciones que la vida guarda para él.

Afirmaciones para padres con expectativas cerradas

☆ *Reconozco a mi hijo como un ser independiente de mí. Honro su individualidad y su destino.*

☆ *Dejo a mi hijo en libertad para que busque su camino. Honro su ser y celebro sus logros.*

☆ *Yo elijo educar a mi hijo respetando su individualidad y su destino.*

Afirmaciones para padres perfeccionistas

☆ *Permito y perdono mis errores. Soy amable y gentil conmigo mismo.*

☆ *Amo ser flexible y tolerante conmigo mismo y con los demás.*

Preguntas para reflexionar:

En mi familia de origen

- ¿Qué expectativas tenían mis padres de mí?
- ¿Cumplí con sus sueños? ¿Sus expectativas coincidieron con lo que yo quería hacer de mi vida, o por complacerlos sacrifiqué mis propias ilusiones?
- ¿Les guardo resentimiento?
- ¿Soy una decepción para ellos? ¿No soy lo que hubieran querido que fuera? ¿Se avergüenzan de mí? ¿Acaso soy la oveja negra de la familia?

En mi familia actual

- Ahora que soy padre de familia, ¿qué expectativas cerradas tengo en lo que se refiere a mi hijo? ¿Si nos las cumple, dejaré de quererlo?
- ¿Veo a mi hijo como es, o como quisiera que fuera?
- ¿Estoy inconforme con él? ¿Pienso que tengo derecho a cambiarlo? ¿Que sólo yo sé lo que le conviene?
- ¿Lo presiono para que cumpla mis expectativas? ¿Me siento orgulloso de que está realizando mis sueños?
- ¿Me siento frustrado porque no es lo que yo esperaba? ¿Me avergüenzo de él?

capítulo 9

Educación consciente: expectativas abiertas y amor incondicional

Tener expectativas abiertas

Las consideraciones que hasta ahora he mencionado sobre las expectativas cerradas nos pueden llevar a preguntarnos: "Pero ¿acaso no podemos tener otro tipo de expectativas para nuestros hijos?" ¡Claro que sí! En vez de expectativas cerradas podemos tener expectativas abiertas.

Para comprender lo que son las expectativas abiertas, imagínese, por un momento, que se presenta frente a usted un genio que le ofrece regalarle tres deseos para su hijo. ¿Qué desearía?

Algunos padres, cuando les hago esta pregunta, me responden: "Yo quisiera que mi hijo tuviera éxito". Un deseo muy válido. Si es una expectativa abierta, concebimos la palabra "éxito" en su sentido más amplio. Es decir, tener éxito significa lograr lo que me propongo, no importa lo que sea; sentir y apreciar la satisfacción de hacer lo que me encanta, lo que disfruto. Puede ser que para mí signifique ser un buen músico, para ti, ser un excelente mecánico, para ella, ser ama de casa. Para otro, ser comerciante, o simplemente vivir en la playa de manera muy sencilla. En gustos se rompen géneros. *Cuando es una expectativa abierta, el elemento "libertad" está implícito.* Permitimos que nuestro hijo tenga éxito en lo que él desee y de la forma que a él le satisfaga.

En cambio, cuando es una expectativa cerrada los padres determinan de qué manera y cómo debe lograrlo. Las preferencias del hijo no cuentan ni tienen importancia. El padre tiene una idea fija de lo que debe ser éxito para el hijo y cómo deberá obtenerlo. Para muchos, éxito sólo quiere decir tener mucho dinero, y si el hijo no lo tiene es un fracasado. De esta forma, vamos reduciendo y cerrando lo que podría ser amplio y abierto.

Otro regalo que algunos padres me dicen que quisieran para sus hijos, es el que tengan amor en sus vidas.

Si es una expectativa cerrada me voy a encontrar diciéndole a mi hijo:

"Mira, Humberto, yo sé lo que te conviene. Es muy importante que te cases con una muchacha de tu misma clase y educación, por eso te digo que te fijes en Maritza, la hija de mi amiga Matilde. Es una chica lindísima, guapa, simpática y muy bien educada. El otro día que la encontramos a la salida del cine, la vi 'echándote el ojo'. Si quieres, el martes que juguemos baraja, cuando venga a recoger a su madre, la invito a que se quede a cenar. Qué diferente Maritza de esa chamaca vulgar que trajiste de visita el otro día que... ¿cómo me dijiste que se llamaba?..."

En cambio, si es una expectativa abierta, dejo a mi hijo en libertad para buscar y encontrar ese amor que a él le plazca. Quizá nos llevemos sorpresas; es posible que nuestra hija nos diga que ella quiere encontrar ese amor ingresando en un convento, y si yo no soy religiosa, me va a parecer absurdo. O que mi hijo encuentre el amor en una mujer mayor que él, o en una mujer divorciada con hijos. Cuando es una expectativa abierta, me hago a un lado y permito la libre exploración de mi hijo en esta búsqueda del amor.

Priscila platica con su amiga Ernestina. "Sabes, cuando supe que mi hijo Dante se quería casar con una mujer viuda con tres hijos, me dio un ataque. Pensé que, claro, ella ya se había encontrado alguien que la mantuviera y le solucionara sus problemas económicos, y que por qué no se buscaba a otro y no a mi 'pollito'. Pero ahora que la conozco mejor, vieras qué buena muchacha. Dante está feliz y quiere muchísimo a sus tres hijos, que por cierto están muy bien educados".

Tener expectativas abiertas no quiere decir que no puedo tener mis propias opiniones; pero tengo que estar consciente de que sólo son mis opiniones, que bien pueden ser el resultado de mi experiencia y quizás hasta sean acertadas, pero que son nuestros hijos los que tienen que vivir sus propias experiencias para aprender. Por eso el dicho "nadie aprende en cabeza ajena" ¡es tan cierto!

Hay que recordar: *podemos opinar y sugerir cuando nos piden consejo, pero después hay que retirarnos para permitir que escojan y decidan con libertad.*

Otro deseo para nuestros hijos podría ser desear que tengan una vida espiritual. Si es una expectativa abierta, lo educo desde pequeño en mi religión o de acuerdo con mis creencias espirituales, pero cuando sea adolescente tengo que respetar sus preferencias. Si queremos que nuestros hijos escojan seguir nuestra religión, el peor error es obligarlos. La imposición sólo despierta el rechazo y la rebelión. Terminamos alejando a nuestros hijos de lo que más queremos para ellos. Muchas religiones predican el amor y el respeto como máximas virtudes, pero practican la falta de tolerancia. Incongruencias totales. La falta de tolerancia religiosa ha sido la causa principal de las guerras y la violencia en el mundo.

Tolerar no significa "aguantar porque no me queda de otra", ni "esperar a que se le pase su capricho". Significa respetar al mismo tiempo que lo tomo en cuenta y me intereso sinceramente en él. La tolerancia como un principio activo nos puede llevar a transformar al mundo en que vivimos. Me gustaría citar al doctor Henning Köhler:

"Tolerancia activa no sólo significa dejar a otros en libertad de ser ellos mismos con todas sus diferencias individuales mientras tomamos un interés gentil y libre de prejuicios, sino realmente querer comprenderlos suficientemente para honrar sus maneras de ser y comportarse, sin juzgarlos a través de mis propios estándares."[1]

---

[1] Köhler, Henning, M.D., Working with Anxious, Nervous, and Depressed Children, Association of Waldorf Schools of North America, Fair Oaks, Ca., 2000, pg 39.

En este pensamiento vemos resumido la tarea más elevada de cualquier ser humano: respetar y tolerar. No se concibe uno sin el otro, por tanto, son como primos hermanos. Si encontramos difícil respetar y tolerar a extraños, vamos a descubrir que puede ser aún más complicado si se trata de nuestros propios hijos. Pero si cojeamos en este sentido, la vida se ocupa de mandarnos pruebas para crecer. Veamos algunos ejemplos:

- "¡Odio a los ineptos y tontos!", exclama un hombre. Unos años más tarde nace su tercer hijo con retraso mental.
- "¡No soporto a los judíos!" ¿Con quién se casa su hija? Con un judío, por supuesto.
- "Lo último que deseo es un divorciado en mi familia". Cinco años después dos de los hijos están divorciados.
- "Detesto a los gordos". La hija menor, al convertirse en adolescente, se vuelve obesa.
- "Mi familia es intachable". El hijo mayor es aprehendido por traficar con drogas.

Aprendemos muchas veces de formas muy duras, pero esto se debe a nuestra rigidez, a nuestra falta de apertura y comprensión. La vida se ocupa de ponernos en situaciones que nos obligan a soltar nuestros prejuicios y volver a reconsiderar. Entre más necios y cerrados somos, más duro y difícil es el aprendizaje.

La vida nos susurra, pero si no escuchamos nos empieza a gritar, y si aun así no hacemos caso, nos golpea en la cabeza. Pero la decisión es nuestra, ¿cómo elegimos aprender?

Aspirar al amor incondicional

Cuando tenemos expectativas cerradas, nos alejamos del amor incondicional. El amor incondicional es aquel amor al que todos aspiramos, el amor que todo lo acepta, que no se detiene en las apariencias ni nos exige algo a cambio. Es el amor que no juzga y que nos hace sentir perfectos tal y como somos. Es el amor que nada pide y todo otorga. Es el amor que no necesita razones para querer. Es el amor que no se gana y, por sí mismo, no se puede perder jamás. Es el amor confiado y paciente que se encuentra fuera del tiempo y del espacio. Es el amor divino.

En cambio, las expectativas cerradas nos entrecierran los ojos permitiéndonos ver sólo las apariencias. Dejamos de percibir la chispa divina en el otro para sólo ver el cascarón. Nos atoramos en la vestimenta, los modales, el peinado, los gestos, el comportamiento. Entonces nos consumen la crítica, los juicios y los reproches. Nos volvemos discapacitados del alma.

Como le dijo la doctora y maestra Dee Coulter a un alumno de preescolar cuando estaba haciendo una rabieta:

"¡Eres mucho más lindo de lo que te comportas!"

Ella veía más allá de sus groserías, sus pataletas y sus malos modos.

Como la doctora Dee Coulter, necesitamos abrir los ojos y ampliar nuestra visión para distinguir lo intrascendente de lo efímero. Ver a través del cascarón de nuestros hijos para percibir ese destello divino, aquello que los hace únicos, especiales y diferentes. Aprender a valorar lo que realmente cuenta.

"Deberías preocuparte por el sobrepeso de Zelmita. Tiene una cara muy chula, pero es una pena que esté tan gordita. ¿Tú crees que algún muchacho se va a fijar en ella? ¡Ponla a dieta, por Dios!", aconseja la abuela a su hija, que con enojo contenido baja la vista y se muerde la lengua para no contestar y faltarle al respeto."

Esta abuela se pierde de apreciar las cualidades de su nieta porque no puede ver más allá de su gordura. Las apariencias son demasiado importantes para ella. La nieta, al sentirse criticada y rechazada, se retira. Relaciones lastimadas por darle demasiado valor al detalle, a lo que no lo merece. La convivencia amorosa que podría haberse cultivado entre abuela y nieta, nunca se desarrolla. ¡Cuántas cosas importantes en la vida nos perdemos por equivocar nuestras prioridades!

Un regalo para la vida

Me gusta pensar que todos los niños traen un regalo a la vida. Imaginemos que ese regalo está envuelto con muchas capas de papel de China, que nos impiden, al igual que al niño, saber qué es. Conforme va creciendo va retirando una a una esas capas de papel y empezamos a vislumbrarlo. Nuestro trabajo como padres y educadores es acompañarlo en su caminar por la vida y ayudarlo a descubrir quién es y qué camino desea tomar. Qué quiere lograr, adónde quiere llegar y qué desea aportar. En pocas palabras, encontrar cuál es el regalo que trae a la vida para poder cumplir con su destino.

A veces esos regalos son una total sorpresa para todos. En cuántas familias "el pilón", ese último hijo que después de varios años ya nadie esperaba, que a veces se recibe con fastidio, pues pensamos que "hacía años que habíamos terminado de cambiar pañales", es el niño que trae la mayor alegría al hogar. Es el niño cuyo cálido corazón y risa ligera nos distrae y alivia las tensiones en la familia. Cuando llega ignoramos por qué se ha cruzado en nuestro camino, pero con el tiempo llegamos a comprender el regalo que ha traído a nuestra existencia.

El niño discapacitado o enfermo también nos trae un regalo especial. Quizá viene a ayudarnos a desarrollar la paciencia, la tolerancia y más que nada, la compasión. Tal vez viene a confrontarnos con nuestra superficialidad, vanidad y dureza, y a ubicarnos en las verdaderas prioridades de la vida. Quizá nos quiere ofrecer compartir su dolor y con ello suavizarnos. O viene a contrastar sus carencias con nuestra abundancia para despertar nuestra gratitud. Regalos muy nobles, que la vida nos pone en las manos para elegir tomarlos o dejarlos.

Un antídoto para no caer en la tentación de imponer nuestras expectativas cerradas en nuestros hijos, es repetir mentalmente:

No sé quién eres como tampoco lo sabes aún tú, pero como el adulto maduro que soy, estoy aquí para allanarte el camino,

protegerte y cuidarte, y con un profundo respeto permitirte cre-
cer y desarrollarte para que con libertad encuentres tu camino y
tu destino.

Recordar por qué vivimos en familia

En algún momento creo que todos nos hemos preguntado: "¿Por qué me tocaron estos hijos? ¿Por qué estamos juntos como familia? ¿Acaso es un accidente, una mera casualidad? O ¿es que tengo algo qué aprender de ellos y ellos algo de mí?"

No creo en los accidentes, ni en las casualidades. Elegimos aprender unos de otros y la familia es nuestro salón de clases. La convivencia es nuestro libro de texto, que vamos escribiendo y revisando día con día. Algunas lecciones las reprobamos y entonces las tenemos que repetir. La vida es generosa y nos da muchas oportunidades para pasar las pruebas que nos pone. Cada persona tiene su tarea particular. A veces nos asesoran los que ya se saben la lección y con paciencia nos explican una y otra vez. En algunas ocasiones estamos dispuestos a escuchar y comprendemos con facilidad; pero en otras se nos nubla el entendimiento, y lo que para todos es obvio, para nosotros resulta incomprensible. Algunos escogemos aprender con amor y alegría, otros con dolor y sufrimiento. Pero al final de nuestras vidas tenemos que reconocer que fuimos nosotros quienes escogimos las lecciones ahí estaban para que aprendiéramos de ellas. Algunas las aproveché, otras las ignoré, pero finalmente yo he creado mi realidad. Gracias a mi libre albedrío he podido elegir, ya sea quedarme en la ignorancia e inconciencia, o crecer y evolucionar. Termino por darme cuenta de que lo que he hecho de mi vida ha dependido sólo de mí.

Individualidad y destino

Cuando hablamos de individualidad, de aquello que nos hace únicos y diferentes a los demás, podríamos decir que es el resultado de la combinación especial de muchos elementos: nuestro cuerpo, nuestra vida emocional, mental y espiritual y nuestro temperamento, todo ello colocado en una constelación familiar determinada. Es un plan maestro escogido por nosotros mismos para venir a superar las lecciones de la vida que aún nos queda por aprender. El destino marca no sólo las lecciones que nos falta superar sino también lo que venimos a aportar a la vida. Ambas cosas nos dan la razón de nuestra existencia, la respuesta a "por qué estoy aquí".

Es de gran arrogancia por nuestra parte, como padres, creer que podemos intervenir en este plan maestro de nuestros hijos; que sabemos lo deben hacer con sus vidas y cómo deberían lograrlo; que nos podemos tomar el derecho de decidir por ellos e intentar cambiar sus destinos a nuestro antojo. Adoptar este derecho tiene graves consecuencias tanto para ellos como para nosotros. Al hijo lo mutilamos en su desarrollo, pues al impedir que asuma su papel de adulto responsable de su vida, evitamos que se realice como persona, a la vez que nosotros seguimos cargando, mientras vivamos, con la responsabilidad de su existencia. Seguimos cargando hasta nuestra muerte con una responsabilidad que debimos pero jamás quisimos soltar. El precio de cargar con la vida de nuestros hijos es un precio muy alto. Jugamos a ser dioses y nos condenamos a vivir atados a algo que no nos corresponde.

Cuando dejamos que se desarrollen respetando su individualidad y permitimos que sean ellos los que decidan su destino, nuestro trabajo termina cuando pasan de la adolescencia a la adultez. Ahí nuestra labor está acabada. Ahora son ellos los responsables de su futuro, pues hemos terminado con nuestra misión de guiarlos hasta su maduración. Como el pájaro que ha alimentado a sus crías, y pacientemente ha esperado a que completen su plumaje para enseñarles a volar, ahora puede observar cómo vuelan desde el nido para iniciar su nueva vida en libertad.

Cuando educamos así a nuestros hijos, entonces abrimos las puertas para que de adultos regresen con cariño a buscar nuestra compañía. De que quieran estar con nosotros, no por obligación, sino por el placer de nuestra presencia. Si queremos cosechar a futuro una relación de amor, tenemos que implantar en su educación las semillas de respeto, tolerancia y libertad.

En resumen

Las expectativas cerradas surgen del deseo de controlar las vidas de nuestros hijos y de querer realizar nuestros sueños a través de ellos. Cuando vemos a los hijos como nuestras posesiones o como una extensión de nosotros mismos, todo lo que hacen afecta nuestra imagen, y por tanto, sentimos la obligación de asegurarnos de que lo que hagan con sus vidas corresponda a nuestras expectativas personales.

En estos casos, los padres se arrogan el derecho de determinar el camino que deberán seguir y los hijos crecen para cumplir el destino que les han marcado.

Las expectativas cerradas no toman en cuenta su individualidad, ni sus deseos o preferencias. Cuando el hijo no puede cumplirlas, la frustración de los padres se transforma, en el hijo, en vergüenza personal, la vergüenza de saberse una decepción para sus padres, de sentirse defectuoso e indigno. Esta vergüenza afecta su autoestima y lo marca para toda la vida.

Las expectativas cerradas son una imposición egoísta que no les permite desarrollarse plenamente como seres humanos, pues les niega la posibilidad de ejercer su libre albedrío. Afecta su autoconfianza e interfiere con su libertad de expresión y la realización de su propio destino.

Las expectativas abiertas, en cambio, son resultado del reconocimiento de su valor, del respeto hacia su individualidad y del amor que sentimos por ellos. Las expectativas abiertas son nuestros mejores deseos para que se realicen como personas. Contienen el elemento esencial de libertad, para que puedan crecer, expandirse y lograr su máximo potencial.

El papel de ser padres es, entonces, servir de guías como un trabajo transitorio, para ser capaces de hacernos a un lado una vez que nuestro hijo ha llegado a su madurez. Cuando tenemos expectativas abiertas, reconocemos que tienen todo lo necesario para desarrollarse y, poco a poco, les vamos entregando la responsabilidad de sus vidas.

Preguntas para reflexionar:

- ¿Tengo expectativas abiertas respecto a mi hijo? Si pudiera ¿cuáles tres regalos le daría para su vida? ¿Esos regalos lo dejan en libertad de ser él mismo y realizar sus propios sueños?
- ¿Veo a mi hijo como un ser separado de mí? ¿O lo veo como mi extensión o parte de mi imagen?
- ¿Qué habilidades y cualidades tiene? ¿Qué lo hace único y diferente de los demás?
- ¿Tomo en cuenta sus preferencias y sus deseos?
- ¿Qué regalo ha traído a mi vida?

capítulo 10
Actitud equivocada: comparar

"¡Si sólo fueras como tu hermana! Ella, tan estudiosa y tranquila, nunca me da un problema. En cambio tú, ¡no sé a quién te pareces!", le dice la madre exasperada a su hijo.

Quisiera contestarle: "A nadie, no se parece a nadie ¡gracias a Dios!"

Insistimos en comparar a nuestros hijos con otros, pensando que así los motivamos a mejorar. O los comparamos porque estamos repitiendo lo que hicieron con nosotros. Antiguamente se acostumbraba que los padres se esmeraran en hacer del hijo mayor un estuche de monerías, es decir, un hijo modelo en todos los sentidos. Como las familias eran numerosas, se ahorraban mucho trabajo. A los hijos que seguían sólo necesitaban decirles: "Sigue el ejemplo de tu hermano mayor". Fácil, sencillo y práctico. El único problema es que el hijo mayor crecía como un adulto en miniatura que cargaba con la responsabilidad de ser perfecto, en beneficio de todos sus hermanos. Y éstos, a su vez, le guardaban resentimiento.

"Espero que seas tan buen estudiante como tu hermano", le dice la maestra a Remigio al recibirlo en su primer día de clases. "Fue un estudiante brillante y muy bien portado, no espero menos de ti". Remigio espantado, entra al salón arrastrando lo pies. Empieza el año escolar desalentado.

Cuando comparamos a nuestros hijos les mandamos el mensaje:

Hijo, tú no tienes un valor propio, por eso necesitas compararte con otros. Sólo así sabrás cuánto vales.

179

Este niño que crece entre comparaciones aprende a medirse cuando está con otras personas, como si se pusiera en una báscula para saber cuánto pesa en relación con los demás. Esto le crea gran inseguridad: "Ahora puedo valer más que él, pero mañana ¿seguiré siendo el mejor?"

Las comparaciones nos ubican siempre por encima o por debajo de los demás. Es decir: *"Soy mejor que…"*, o *"Soy peor que…"*

Esta inseguridad que siente al ser comparado también se relaciona con la necesidad que tiene de recibir amor. Si el niño piensa que necesita ser el mejor para ser querido por sus padres, hará lo indecible para mostrarles que merece su cariño. Si para lograrlo necesita ponerle el pie a los hermanos, para que caigan de la gracia de los padres, lo hará. Es tal su necesidad de amor y de aceptación que si requiere traicionarlos, no le quedará otro remedio que hacerlo. Es así como se afectan las relaciones entre hermanos. Iniciamos una competencia en la que al ganador le toca la mejor parte, ser el más querido por los padres, aunque el precio a pagar sea la de pasar por encima de los hermanos. Cuando educamos comparando, destruimos las relaciones cordiales que puede haber entre ellos. Sustituimos el compañerismo por la envidia, los celos y la traición.

> Los padres llegan del cine para encontrarse la sala con comida regada sobre la mesa y los sofás. "Válgame Dios, ¿qué ocurrió aquí?" Aline corre a recibirlos: "Fueron Érika y Sebastián", les dice con cara de satisfacción. Los padres llaman a los culpables y la madre los regaña: "¡Recojan todo inmediatamente!, y mañana no hay televisión ¿me oyen?" Érika y Sebastián miran con desprecio a Aline, que con sonrisa burlona se acerca a abrazar a su madre.

Un hermano acusa a otro, es decir, lo traiciona, aunque de forma inconsciente, para quedar bien con la madre.

> "¿Quién fue? Repito, ¿quién fue? Si no me dices quién lo hizo, tú también te quedas sin ir a la fiesta ¿me oyes?"

Cuando ponemos a nuestros hijos en esta posición, los estamos incitando a acusarse, a traicionarse. Están aprendiendo a ser desleales con sus hermanos o compañeros. En este caso, es preferible, como decía el doctor Rudolf Dreikurs: "Ponerlos a todos en el mismo barco". Es decir, que todos ayuden a arreglar lo que tiraron o ensuciaron. Todos somos parte de esta familia, todos cooperamos para ayudar a resolver el problema.

> La madre llega a casa y se encuentra con que el baño está anegado y sucio. Evidentemente estuvieron jugando y regaron el agua de la tina. Mamá llama a los tres y les dice: "Necesito que limpien el baño. Vayan por trapos para secar". "Pero yo no fui", dice Enrica. "Claro que sí", le contesta Beto, "tú empezaste". La madre interrumpe la discusión: "Todos vamos a limpiar el baño. Enrica, ve por los trapos, Beto y Araceli, empiecen a recoger los juguetes y las toallas".
>
> Al día siguiente, cuando Beto y Araceli se van a bañar, se acerca Enrica y les advierte: "No se les ocurra tirar el agua ¿eh?"

La madre ha evitado provocar un conflicto en el que los hermanos empiecen a discutir y a echarse la culpa unos a otros. Al solicitar que todos ayuden les enseña que la convivencia exige eso: cooperación. Cuando ponemos a todos en el mismo barco, el grupo es el que hace presión para que los otros se comporten. Esto es más efectivo que cualquier regaño por parte de los padres. Los mismos hermanos se encargan de asegurarse de que los demás no se pasen de la raya, pues saben que todos deberán pagar el precio.

Esta herramienta resulta muy útil también para los maestros.

> "He recibido la queja de que han tirado papeles mojados al techo del baño. Al terminar esta clase y antes de salir a recreo necesitan limpiarlo. Nadie puede salir a recreo hasta que hayan acabado", dice la maestra a sus alumnos de sexto grado de primaria. Algunos la escuchan con enfado mientras otros protestan que no tuvieron nada que ver en el asunto. "Lo siento, pero todo el grupo se va a responsabilizar por lo que hicieron".

Tengan por seguro que no lo volverán a hacer. El mismo grupo se ocupará de presionar a los alumnos para que no tengan la tentación de hacer alguna otra travesura. Corregimos la situación y no los enseñamos a traicionarse.

Otro problema que surge cuando comparamos a los hijos es que, al no estar seguros de su propio valor, se acostumbran a estar constantemente buscando reconocimiento externo. El niño necesita que le estemos asegurando que lo que está haciendo está bien y que merece nuestra aprobación.

> Isaac muestra su dibujo. "Está muy lindo", le dice la madre mientras le acaricia el cabello. Cora corre y coloca el suyo sobre el del hermano: "Mira el mío, ¿verdad que está más bonito?"

Cora se siente insegura cuando su madre la da atención a su hermano. Piensa que el amor que recibe Isaac, es amor que le quitan a ella. Como si sólo hubiera una cantidad limitada de amor y necesitara pelear su parte so pena de quedarse corta en la repartición. Cuando comparamos a los hermanos invariablemente iniciamos una competencia entre ellos que es difícil después detener.

Algunos padres se polarizan en el otro extremo. Quieren asegurarse, por todos los medios, de que son justos y equitativos con los hijos. Si van a servir un pedazo de pastel, miden milimétricamente cada rebanada para asegurarse de que todas son exactas. Si le compran zapatos a uno, tienen que comprarle a los demás. Si acarician a un hijo tienen que acariciar al otro. Su motivación es buena, pero se crean un infierno y lo que quieren evitar es lo que terminan causando. Los hijos estarán siempre pendientes de que todo sea parejo y se estarán constantemente quejando de que los padres no son justos, o tienen favoritos. El esfuerzo exagerado de los padres para que a todos les toque exactamente lo mismo, termina saboteando sus buenas intenciones.

Debemos tratar de ser justos, pero sin exageraciones. Atender al que lo requiere en el momento y asegurarles a los otros que también tendrán su parte aunque no sea en ese preciso momento. De esta manera les enseñamos algo muy importante: a esperar. Esperar requiere de autocontrol, algo importante que necesitan desarrollar nuestros hijos.

¿Qué es el autocontrol para el niño?

- *Autocontrol: tener la capacidad de posponer mis deseos y necesidades.*

"Mamá, tengo sed. Quiero agua", dice Isabel de 5 años. "En la próxima gasolinería me detengo para que tomes agua". "¡No! ¡La quiero ahorita! ¡Ahoritaaaaa!", berrea la niña. "Pues lo siento, pero vas a tener que esperar", responde calmadamente la madre, mientras la ve de reojo por el espejo retrovisor del automóvil.

Isabel se siente molesta porque tiene sed. Pero tiene que aprender a vivir con incomodidades, pues son parte de la vida. Cuando queremos evitarles a nuestros hijos todo tipo de molestias no los ayudamos a ser adaptables. Crecen pensando que debe ser la vida la que se adapte a ellos, en vez de que sean ellos los que se adapten a la vida. Pero sabemos por experiencia que entre menos adaptables sean, más pesada será su existencia.

¿Por qué es importante que desarrollen autocontrol? Porque el autocontrol nos permite tomar las riendas de nuestras vidas en vez de que vivamos a expensas de nuestros deseos, caprichos y emociones. Nos permite observar la situación y determinar qué conviene.

- *Autocontrol: saber distinguir entre lo que deseo y lo que es conveniente en determinada situación.*

Édgar ha sido injustamente acusado de haber atendido mal a unos clientes muy importantes del restaurante. El dueño, iracundo, lo regaña en la cocina y amenaza con despedirlo. Édgar se siente indignado y quiere defenderse, pero como conoce el temperamento explosivo de su jefe, sabe que es preferible esperar a que se calme. Se muerde la lengua, guarda silencio y aguanta su desahogo.

Una hora más tarde, cuando ve que está solo y tranquilo en su oficina, se acerca y le explica lo sucedido.

Édgar tiene varios años de mesero en ese restaurante y conoce a su jefe. Recuerda también que depende de su trabajo para mantener a su esposa y tres hijos. A pesar de su enojo e indignación, observa la situación y decide lo que es más conveniente para él. Tiene que detenerse para no poner en peligro su empleo. Esta habilidad para contenernos, cuando es imprescindible, necesitamos empezar a desarrollarla desde pequeños.

> Felipe, de 3 años, está muy enojado con su hermana de año y medio que le acaba de morder su juguete. Toma un bloque de madera para pegarle en la cabeza. La madre corre y le sostiene el brazo. "Felipe, entiendo que te enoje que tu hermana muerda tus juguetes, pero no le puedes pegar".

La madre empatiza con lo que su hijo siente. Reconoce su enojo, pero claramente le dice que no es aceptable que la lastime. Al detener a Felipe, lo está ayudando a saber que aunque tiene ganas de maltratar a su hermana por lo que ha hecho, tiene que contenerse. El mensaje es claro: enojarse se vale, lastimar no. Poco a poco *los límites que ponen los padres a los hijos los ayudan a desarrollar el autocontrol.*

- *Autocontrol: detenerme para elegir no lastimar a los demás.*

> Francisca, de 15 años, está enojada con su hermana por tomar sin su consentimiento su suéter favorito y regresarlo manchado. Le cruza por la cabeza el pensamiento de decirle que es una "gorda asquerosa que ¡no se fija cuando come! ¡Cerda!" Pero sabe que su hermana sufre con su sobrepeso y que eso la lastimaría muchísimo. Aunque sigue enojada, sólo le dice: "¿Por qué no me pides las cosas prestadas? ¿Eh?... ¿Y por qué no tienes más cuidado cuando comes? Me vas a pagar la tintorería, ¿me oyes?"

En resumen

Los padres comparan a los hijos porque piensan equivocadamente que es una manera de motivarlos a mejorar. Las comparaciones, lejos de estimularlos, los desalientan y los hacen pensar que entonces no tienen un valor propio. Que su valor es variable y depende de las circunstancias en que se encuentren. Esto quiere decir que el niño necesita medirse constantemente con otros para determinar cuánto vale, y como resultado se vuelve inseguro y dependiente del reconocimiento externo.

Las *consecuencias* de la comparación son:

- Despertamos la envidia, celos y presunción del niño.
- Lo incitamos a traicionar a sus hermanos y compañeros cuando busca ser el mejor.
- Afectamos sus relaciones, pues lo obligamos a estar en competencia continua con los demás.
- Lo convencemos de que sólo será querido si es el mejor y, por tanto, se siente inseguro de nuestro cariño.
- Lastimamos su autoestima y su autoconfianza.

Preguntas para reflexionar

En mi familia de origen:

- ¿Me comparaban mis padres? ¿Con quiénes?
- ¿Cómo me sentía cuando me comparaban?
- ¿Había competencia entre mis hermanos? ¿Cómo afectó esta competencia mi relación con ellos y con mis amistades?
- ¿Sentía que tenía que ser el mejor para que me quisieran?
- Alguna vez traicioné a mis amigos o hermanos?
- ¿Sigo compitiendo con ellos?

En mi familia actual:

- Ahora que soy padre ¿comparo a mi hijo para motivarlo a mejorar? ¿Con quiénes? ¿Cómo reacciona mi hijo cuando lo comparo?
- ¿Me cuesta trabajo reconocer sus logros? ¿Pienso que si le reconozco sus logros va a dejar de esforzarse?
- ¿Compito con él? ¿Necesito demostrarle que soy mejor que él, más inteligente, más eficiente, más hábil, etcétera?
- ¿Exijo que sea el mejor? ¿Le muestro mi cariño sólo cuando destaca o gana?

capítulo 11

Educación consciente: cultivar su autoestima y disciplinar con amor

Nuestros hijos no son comparables

Si yo le preguntara cuál es la flor más bella del mundo, seguramente me contestaría: "Perdón, pero su pregunta es absurda. Todas las flores son bellas. La que yo escoja como mi favorita sólo dependerá de mi preferencia personal, y seguramente usted y yo nunca nos pondríamos de acuerdo".

Así es. Quizá yo prefiera la violeta, delicada y frágil, necesitada de resolana y cuidados especiales, y usted escoja el agapando, largo y orgulloso expuesto todo el día al sol. Y nuestra amiga elija como flor favorita la orquídea, solitaria y exótica. Podemos diferir en nuestros gustos personales, pero tenemos que estar de acuerdo en que todas estas flores son hermosas. Todas preciosas pero diferentes.

Pensemos en nuestros hijos como flores. Todos son bellos, pero distintos y no se pueden comparar. Cada uno con sus dones y fortalezas. Con sus dificultades y sus torpezas. Pero al fin, perfectos en su milagrosa existencia. Perfectos para aprender las lecciones que a cada uno le corresponden en esta vida. Perfectos para buscar y realizar su destino. Cada hijo, único en su perfección.

¡Alto a las comparaciones!

Cuando nuestros hijos se comparen entre ellos hay que ponerles un alto.

"Lero, lero…,yo me saqué nueve en matemáticas y tú reprobaste!", le dice Jaime burlonamente a su hermana Mónica. La madre se acerca: "Jaime, tú eres muy bueno para las matemáticas, pero tu hermana es muy buena para tocar la flauta. Ustedes no se pueden comparar, Jaime es Jaime y Mónica es Mónica".

Una explicación muy sencilla, pero al grano. Aunque a nuestras espaldas lo sigan haciendo, les queda claro que no estamos de acuerdo con que se comparen.

La madre escucha sollozos y se acerca al cuarto de sus hijas. "Qué tienes, Fernanda, ¿qué te pasa?" "Gloria es tan bonita y todo mundo la quiere, ¡y yo soy tan fea y tonta! Nadie me quiere". Fernanda solloza mientras se tapa la cara con la almohada.

"Ven acá", le dice la madre, abrazándola. "Qué tu mejor amiga, Elisa, no te quiere? Y tú papá y yo, ¿no te queremos? Claro que te queremos, y muchísimo. Tu hermana Gloria sí es muy bonita. Pero tú también lo eres. Cada una es diferente. Tú eres muy cariñosa y tienes un corazón de oro. También eres muy chistosa y nos haces reír a todos. ¿Recuerdas ese chiste que le contaste a tu papá? Pues hoy lo escuché contándoselo a tu tío, y los dos se estaban riendo como locos…"

No necesitamos opacar a una hermana para resaltar las cualidades de la otra. No voy a negar que Gloria es bonita, pero sí voy a afirmar las cualidades de Fernanda. Hay que recordar que la belleza no es sólo física. Necesitamos contactar la belleza interior de nuestros hijos y ayudarlos a que ellos también la aprecien. Fernanda necesita ayuda para darse cuenta de que es única y, por tanto, incomparable. Le hace falta comprender en qué reside su valor y qué cosas son verdaderamente importantes en la vida.

Reconocer sus habilidades y cualidades

En vez de comparar, tenemos que reconocer esas diferencias que hacen a nuestros hijos únicos e incomparables. Aquello que los distingue de los demás. Necesitamos apoyarnos en sus cualidades para que ellos aprendan a valorarse a sí mismos. Porque el niño piensa: "Si mi padre/madre aprecian esto en mí, debe ser importante. Debe ser valioso. Tengo algo que me hace especial".

- "Patricia, qué bello tu dibujo. Tienes un exquisito sentido del color. Los combinas muy bien".
- "Javier, qué manera de correr ¡parece como si te llevara el viento! Eres muy ágil".
- "¿Sabes por qué todas tus amigas te buscan cuando tienen algún problema? Porque sabes exactamente qué decirles para que se sientan mejor".
- "Ruth, qué habilidad tienes para las cosas manuales. Esta canasta que tejiste está hermosa".

Sería bueno revisar el libro de inteligencias múltiples para ampliar nuestra visión y dejar de pensar que sólo los niños que tienen buenas calificaciones en el colegio son inteligentes. La última vez que escuché a Thomas Armstrong ya mencionaba 12 tipos de inteligencias, y seguramente seguirá encontrando más. Cuando revisen la lista de inteligencias que presenta en sus libros se sorprenderán al darse cuenta de qué limitados hemos sido al juzgar como inteligentes sólo a los que tienen habilidades académicas. ¿Por qué no valorar, de igual manera, al que tiene habilidades para relacionarse, al que es empático o compasivo? ¿O al que tiene habilidades artísticas o musicales?

Una maestra me contó que en una junta que organizó con los padres de familia de su salón, hizo un ejercicio en el cual les pidió escribieran una cualidad de sus hijos. "Me sorprendió observar que algunos padres no encontraban qué escribir. Les costó mucho trabajo, especialmente a los hombres".

Si no encuentro alguna cualidad en mi hijo/a el problema es mío, sufro de miopía. Miopía del alma. Cabría preguntarnos: ¿qué nos está nublando la vista? Quizá mis expectativas frustradas, como un vidrio empañado, me impiden ver realmente a mi hijo. O me ciegan aquellas partes de él que considero defectos.

Frida recoge a su hijo Tobías que ha pasado la tarde en casa de un compañero de clases. "Muchas gracias por dejarlo venir.

Estuvieron jugando muy contentos. Por cierto, ¡qué bien come!" Frida mira con incredulidad a la anfitriona y cuando se sube al automóvil le dice al hijo: "Menos mal que hoy te portaste bien".

Frida espera lo peor de su hijo. Le cuesta trabajo imaginarse que pueda ser agradable o simpático, pues sólo ve su lado negativo. Todos tenemos dos partes: una parte luminosa, bella y agradable, y otra parte, digamos, oscura, desagradable. La primera la mostramos frente a los demás, para tratar de agradar, de ser aceptados y pertenecer. Pero nuestra sombra siempre está ahí, y saca la cabeza cuando estamos cansados, frustrados o de mal humor. También sale a la luz cuando estamos en confianza, es decir, con las personas que pensamos nos van a querer incondicionalmente, como puede ser la familia. Ahí, esa parte oscura se muestra sin tapujos.

El verdadero amor implica aceptar las dos partes de una persona. Cuando digo querer a un amigo, quiero decir que lo conozco en sus buenos y malos ratos y así lo acepto. Pero con este amigo estamos sólo por momentos. La verdadera prueba está con nuestra familia, o con los que convivimos continuamente. Por eso sabemos que amar es difícil, pues quisiéramos que sólo existiera la parte positiva en aquellos que nos rodean. Sin embargo, sabemos, por experiencia, que esto no es así. Sólo en el enamoramiento vivimos la ilusión de poder desaparecer la parte negativa del otro. Cuando nos enamoramos, parece como si lo luminoso tuviera tal intensidad que nos da la impresión de cubrir esa otra parte oscura. Es por eso que los defectos nos dan la impresión de disfrazarse de cualidades.

Gina se encuentra a una amiga y con ojos de ensoñación le dice: "¿Ya te presenté a Patricio? ¿No? Pues lo tienes que conocer, es divino. Mira, no es muy alto pero eso sí, muy guapo, supersimpático, y ¡de un distraído! ¿Qué crees que le pasó ayer? Se le olvidó su portafolio, tenía que hacer una presentación y nos dimos cuenta cuando casi llegamos a su oficina, y ¡que vamos de regreso! Pero no me importó con tal de estar con él otro rato. ¡Es un chiste!"

Tres años después de casados volvemos a escuchar a Gina hablar sobre su marido Patricio.

> "Mira, lo quiero mucho, pero su distracción me está volviendo loca. ¿Qué crees que hizo hoy? Dejó las llaves en el automóvil y tuve que manejar una hora para llevarle el repuesto. ¿Qué se cree? ¿Que soy su sirvienta o que no tengo nada que hacer?"

Los defectos han perdido su pátina dorada y ahora Gina los ve tal y como son. Por eso hay personas que no quieren dejar de enamorarse, para no salir de ese estado eufórico donde la pareja sólo tiene cualidades. Quieren seguir viviendo en ese sueño en donde el otro siempre es encantador, siempre maravilloso. ¿Por qué aterrizar cuando volar ofrece un panorama tan fantástico? Así que tan pronto la pareja empieza a mostrar su sombra, la descartan y buscan una nueva de quien enamorarse.

Pero si podemos deshacernos de los amigos o cambiar de parejas, con los hijos tenemos un compromiso de por vida. Ellos nos piden quererlos tal y como son. Tanto en las buenas como en las malas. Cuando son ocurrentes y graciosos, cuando son berrinchudos y groseros. Cuando son cariñosos y serviciales, cuando son egoístas y exigentes. El niño nos dice sin palabras: "Mamá, papá, acéptenme como soy. Quiéranme cuando soy lindo, pero también cuando soy insoportable, cuando yo mismo no me aguanto". El niño necesita ser querido en su totalidad, sin condiciones. Entonces se siente valorado, seguro y confiado. Se dice interiormente: "Puedo ser yo mismo", y se relaja.

Cultivar su autotestima

A lo largo de este libro he mencionado que es importante cuidar la autoestima de los niños. Quizá es un buen momento para preguntarnos:

¿Por qué es importante cultivar la autoestima del niño? ¿Qué beneficios tiene para cualquier ser humano tener autoestima? ¿Cuál es la diferencia entre una persona con o sin autoestima?

A través de ver cómo reacciona ante la vida una persona con alta autoestima y otra con baja, podemos darnos cuenta, de por qué es importante cultivar en nuestros hijos ese amor o estima hacia sus personas. Cuando una persona tiene autoestima le es más fácil asumir su responsabilidad y aceptar cuando se equivoca, pues no se siente automáticamente desvalorizado. Si, por ejemplo, le decimos: "Dejaste la llave del agua abierta, y nos quedamos sin agua". Puede sentirse mal por su descuido, pero eso no lo lleva a pensar, como lo haría una persona con baja autoestima: "Me están diciendo que soy un inepto, un tonto, que no sirvo". En este caso inmediatamente trataría de disculparse porque se siente agredido. "Yo no fui la última persona que entró al baño ¿cómo sabes que fui yo? ¡Siempre tengo que tener *yooo* la culpa de todo!" Cuando las personas sienten ese impulso de negar su responsabilidad, buscando justificarse a como dé lugar, muchas veces es porque tienen baja autoestima. Cualquier comentario lo sienten como una agresión, cualquier opinión los pone a la defensiva.

Pareciera como si esta falta de autoestima en la persona la hiciera quedarse desprotegida y vulnerable a nivel emocional. Por tanto, todo la afecta y la lastima. Como si le faltara la piel, cualquier comentario se convierte en un rasguño o una cortadura. Vivir sin piel es vivir expuesto, hasta el mismo sol nos hace daño.

> Estefanía está sentada en el consultorio del pediatra cuando reconoce a su amiga Liliana. A fin de hacer conversación le dice: "Tu hijo es muy activo". Liliana reacciona inmediatamente ante su comentario y se disculpa: "Es que no durmió, estuvo tosiendo toda la noche y no se siente bien. Él nunca se porta así, normalmente es muy tranquilo..."

Liliana interpretó el comentario de que su hijo era muy activo, como que su hijo "era insoportable, y que, por tanto, eso la convertía a ella en una mala madre". Por su baja autoestima trató inmediatamente de justificarse para corregir la situación y cambiar la impresión que estaba dando, aunque su respuesta tomó por sorpresa a Estefanía.

Cuando tenemos baja autoestima, muchos comentarios que pueden no ser malintencionados o negativos los convertimos al momento en críticas. La persona con baja autoestima percibe al mundo como agresivo y necesita estar constantemente a la defensiva. Cada error le resta valor. Cada falla, muestra su pequeñez. Toda equivocación la convierte en un fracaso.

Veamos cómo, de acuerdo con su temperamento, puede responder una persona con baja autoestima cuando se siente señalada por haber errado (vea mi libro *Los temperamentos en las relaciones humanas*, publicado por esta casa editorial):

- El *colérico* responderá con agresividad e instintivamente negará su culpa y acusará a otros. Su fuerza intimidará a los demás, que optarán, en el futuro, por no confrontarlo. El colérico está muy identificado con sus logros, por tanto se esforzará en demostrarle al mundo cuánto vale a través de tener poder y éxito. Se volverá competitivo y presumido. De su falta de seguridad puede surgir hasta el deseo de aplastar o pasar por encima de otros para mostrarles su capacidad y valor.

- El *flemático*, cuando se siente confrontado, aunque sea injustamente, guardará silencio y no responderá. Cuando le sea posible, se apartará de la situación. No le ve el caso a defenderse. En situaciones de conflicto preferirá retraerse y tratar de pasar inadvertido. Teme ser expuesto, pues piensa que esto sólo confirmará su ineptitud y falta de habilidad. No tendrá iniciativa y se dejará llevar por la corriente. Se sentirá incapaz de salirse del consenso o de crearse una realidad distinta.

- El *melancólico* se tornará defensivo cuando lo confrontemos. Se justificará con largas y complicadas explicaciones. Es capaz de mentir con tal de convencernos de su inocencia. Se llenará de resentimiento hacia la persona que lo inculpó, le guardará rencor y tendrá dificultad para perdonarlo. El melancólico tiende frecuentemente a sentirse injustamente acusado y víctima de la vida. Le gusta "rumiar" y exagerar las ofensas que recibe. Cuando se sabe culpable, compensará a través de ser muy servicial, complaciente y generoso.

- El *sanguíneo*, por su lado, evadirá la situación a través de hacerse el simpático, cambiar el tema, restarle importancia o ignorar el motivo del conflicto. Si lo confrontamos se pondrá nervioso y se defenderá, pero sin mucha fuerza. Minutos más tarde lo habrá olvidado. Tiende a borrar de su memoria las situaciones que le causan dificultad, desagrado o dolor. Su baja autoestima lo hará perder su sentido de individualidad, pues lo más importante para él será cuidar las apariencias para gustar a los demás. Como es muy sociable, se tornará un "camaleón" que trata de agradar a todos.

Cuando una persona no tiene autoestima:

- Se siente fácilmente agredido y ofendido porque muchas veces interpreta los comentarios de otros como críticas. Tiende a tomar todo de forma personal.
- No se autovalora, por lo que cada falla y error que comete son para él una confirmación de esta carencia.
- Trata de ser perfecto para tapar la vergüenza de sentirse "poca cosa".
- Se le dificulta responsabilizarse de sus errores, pues piensa que reconocerlos disminuye su valor como persona.
- Se identifica con sus éxitos y fracasos, se vuelve presumido, competitivo e inseguro.
- Percibe al mundo como agresivo y se siente muchas veces como víctima.
- Depende del reconocimiento externo.

Cuando tiene autoestima:

- Sabe que tiene un valor propio que es independiente de sus éxitos o fracasos.
- Acepta poder equivocarse y fallar. Los errores son medios de aprendizaje.
- Aprecia el reconocimiento de otros, pero no depende de él.

Tener autoestima le da la posibilidad a la persona de dar el siguiente paso en su crecimiento personal. Tiene la posibilidad de afirmarse frente a la vida y decir:

> *Me quiero a mí mismo porque sé que valgo. Porque sé que soy más que mi cuerpo, más que mis emociones y mi mente. Soy más que mis éxitos y fracasos. Soy un ser elevado, espiritual, con potencialidades que nada ni nadie me pueden quitar. Porque sé que valgo, sé también que merezco. Merezco respeto y tengo dignidad. Merezco ser aceptado y querido por quien soy. Soy único e incomparable, sé que cuento y que con mi existencia puedo hacer una diferencia en el mundo. La vida para mí es una aventura, con riesgos y sinsabores, pero también con alegrías y grandes recompensas. Elijo asumir mi responsabilidad como ciudadano del mundo para crearme la realidad que deseo.*

La persona con autoestima está libre de ataduras y puede elegir decirle sí a la vida. ¿Acaso hay un padre que no quiere esto para sus hijos?

Corregir sin lastimar

Algunos padres en este punto me han comentado: "Bueno, entonces eso quiere decir que no puedo ya corregir a mi hijo? ¿Debo, acaso, dejar que haga lo que quiera para que se sienta querido? Qué le contesto cuando se porta mal y me pregunta: "¿Qué, ya no me quieres?" Podemos responder:

> "Claro que te quiero y siempre te voy a querer, pero estás hiriendo a tu hermano y ¡no lo puedo permitir!"

A él lo aceptamos, mas no aprobamos su comportamiento. Éste es el secreto al corregir a nuestros hijos. Siempre hay que recordar que *ellos no son su comportamiento*. Son mucho más que eso. Su comportamiento es sólo una manifestación de su estado interno.

Cabe aquí mencionar que es preferible decirles cuando los corregimos: "Esto no está *permitido*", o "lo que hiciste no es *acep-*

table", a decir: "Esto que hiciste está mal", o "esto que hiciste es malo".

La connotación "bueno o malo" fácilmente lleva al niño a hacer la transferencia: "Si lo que hice es bueno, yo soy bueno, pero si lo que hice es malo, yo soy malo". Entonces se llena de vergüenza y culpa. En cambio, cuando usamos las palabras "permitido" o "aceptable" es más fácil que el niño pueda separarse de su comportamiento, de lo que acaba de hacer y verlo de manera más objetiva. Así puede llegar a la conclusión: "Lo que hice fue un error. Me equivoqué". Pero eso en ningún momento lo hace a él un error. Ayudamos a que no caiga en la tentación de desvalorizarse.

Por ello, necesitamos aprender cómo corregir al niño sin afectar esa autoestima. Cuando pienso en el niño, me gusta imaginar que en su pecho se encuentra alojada esa autoconfianza, su sentido de valor y su autoestima. Y que esa parte es sagrada; que nadie tiene derecho a lastimarla. Cuando regañamos o corregimos al niño, tenemos que recordar esto. Podemos ponerle un límite que puede ser muy necesario y muy claro, pero eso no significa que hay que humillarlo. Podemos corregir sin tocar esa parte inviolable.

Veamos la diferencia entre estos dos ejemplos:

1. La madre regresa a casa para encontrarse con que su hija ha tirado el yogourt en la mesa de la sala. "Ema, ¡ven acá! No puedo creer que seas tan cochina. ¡Limpia esto inmediatamente!"
2. La madre cuando ve el yogourt tirado le dice, "Ema, ¡esto que hiciste es una cochinada! ¡Ve por un trapo y límpialo!"

En el primer ejemplo, Ema es la "cochina", la madre la lastima al etiquetarla como sucia. Mientras que en el segundo la reprende por lo que hizo, y la "cochinada" está en la mesa.

Podemos y debemos corregir a nuestros hijos cuando lo creamos necesario, pero hay que darnos cuenta de que *para que aprendan no es necesario degradarlos.*

Humillamos al niño cuando lo insultamos:

- *¡Eres un idiota!*
- *¡Eres un egoísta, un maleducado!*
- *¡Eres un imbécil!, ¿por qué no te fijas?*
- *¡Qué torpe eres! ¡Jamás vas a aprender!*
- *¡Eres un distraído, no sé dónde tienes la cabeza!*
- *¡Ven acá, pedazo de animal!, etcétera.*

Esta lista podría ser interminable. Hay ofensas por demás originales, pero hay que saber que cuando al corregir los lastimamos, erosionamos su autoestima y su autoconfianza. Desafortunadamente, en algunos niños que han sido muy dañados, su autoestima ya es una especie de papel de china delgado y transparente. Porque si como padres somos sus dioses, y les estamos diciendo que son unos "idiotas", el niño registra el mensaje: "Si mis padres que todos lo saben dicen que soy un idiota, sin duda debo serlo, pues ellos nunca se equivocan". Es así como disminuimos su sentido de autovalor y afectamos, por tanto, su dignidad.

Si observamos el comportamiento de nuestros hijos, podemos ver qué claros son para mostrarnos cómo se sienten. Sin palabras nos están tratando de decir lo que les pasa interiormente.

Por ejemplo, cuando el *niño colérico* se siente rechazado, se puede volver agresivo y retador. A través de su actitud desafiante y violenta, quizá nos está tratando de decir:

"Me siento infeliz, desdichado. Necesito que me quieran y me acepten como soy. Quiero sentirme seguro de su amor".

Cuando el *niño sanguíneo* se siente presionado y está estresado, puede estar irritable e inquieto. Con su nerviosismo intenta comunicarnos:

"No puedo relajarme, no puedo controlar mi cuerpo, necesito menos presión y menos estímulos. Mi cuerpo requiere de descanso".

Cuando el *niño melancólico* o *flemático* se retrae y está deprimido, nos dice:

"Estoy triste. El mundo me asusta, me siento vulnerable y desprotegido".

A través de la observación de su comportamiento podemos conocer sus sentimientos. Entre más pequeños más obvios son, pues aún no aprenden a enmascarar o disfrazarlos. Si aprendemos a "leer" sus sentimientos, sabremos cómo ayudarlos para que recuperen su bienestar, tanto físico como emocional. Recordar las siguientes reglas de oro pueden ayudarlos en este proceso.

Reglas de oro:

☆ *La autoestima, el valor y la autoconfianza son partes sagradas del niño. Nadie tiene derecho a lastimarlas.*

☆ *Puedo corregir sin ofender. El aprendizaje no tiene que doler.*

☆ *Cuando corrijo, separo a la persona de su comportamiento.*

☆ *Apruebo a la persona, corrijo su comportamiento.*

No etiquetar

Cuando escuchamos que sale de nuestra boca la palabra: "Eres...", debería sonar interiormente una alarma que nos prevenga de que estamos a punto de decir algo que marcará a nuestros hijos. El niño, que está en vías de desarrollo y que aún no sabe quién es, se autodefine por lo que los padres y otras personas a su alrededor le dicen. Por tanto, un niño que escucha constantemente: "Eres un agresivo", "eres un brusco", "eres un aprovechado". Cuando se siente confuso y quiere saber quién es, sólo tiene que permitir que estas frases afloren de su subconsciente: "Ah, claro, yo soy el malo, el que siempre pega. ¿A quién le pegaré ahora?", se pregunta.

Nuestras palabras quedan prendidas como *etiquetas* en el subconsciente del niño. Estas etiquetas son más grandes cuanto más importantes somos para él. Podemos imaginar que las "etiquetas mayores" corresponden a los padres, maestros y adultos que lo tienen a su cargo.

A manera de ilustración les digo en mis talleres que si ustedes dejaran a mi cuidado a un niño inteligente de dos años y yo me dedicara a repetirle constantemente: "Eres un tonto, no piensas, no tienes cerebro, eres menso, etcétera", les aseguro que para cuando cumpliera tres años, este niño ya se estaría portando como eso, como un deficiente mental. A base de repetírselo ¡lo convencí! Es impresionante la fuerza que pueden tener nuestras palabras. *Repetir constantemente una frase al niño termina afirmando la conducta que muchas veces buscamos corregir.* Nuestras afirmaciones sirven como una especie de "fijador" a nivel inconsciente en el niño. *A base de escuchar muchas veces lo mismo, el niño termina convenciéndose de ser lo que otros le dicen que es.*

Por ejemplo, si un adolescente escucha frecuentemente: "Nunca recoges tu ropa", "siempre dejas todas tus cosas tiradas", "tu recámara siempre es un desastre", "eres una sucia", el día que siente la tentación de arreglar sus cosas recuerda: "¡Ay, no! ¡Por poco y recojo mis cosas! Se me estaba olvidando que yo soy la sucia que siempre deja todo tirado".

Si un niño soñador, imaginativo, escucha repetidas veces al día que la madre le dice: "Eres un distraído, quién sabe dónde tienes la cabeza", "siempre pierdes todo, no te fijas dónde dejas las cosas" "a ver qué olvidas hoy en la escuela", en vez de que estos regaños vuelvan al niño más cuidadoso, cada frase sólo sirve para anularlo y confirmar su falta de atención. Inconscientemente el niño experimenta: "No me queda de otra, como dice mi madre, soy y seré siempre distraído".

Por absurdo que nos parezca, *a base de recalcar sus defectos o deficiencias, convencemos a nuestros hijos de ser lo que no queremos que sean.*

Las etiquetas que ponemos a los hijos son una especie de camisa de fuerza que no los dejan en libertad para moverse. Por más que el niño o el joven quieran zafarse, no pueden. Por ejemplo, cuando un niño es etiquetado como "malo" le producimos mucha vergüenza y le provocamos heridas profundas. Puede ser que de adulto logre liberarse de esa marca, pero seguramente necesitará de mucho trabajo interno o de ayuda terapéutica.

En mis talleres me preguntan: "Entendemos que hacemos daño al etiquetarlo de 'malo', pero ¿y si lo etiquetamos de 'bueno'?" Las etiquetas siempre son etiquetas, sean buenas o malas. Siguen siendo camisas de fuerza. El niño etiquetado de bueno no tiene la posibilidad de ser otra cosa que "bueno" y así lo restringimos. ¡Qué aburrido ser siempre bueno, no poder darnos permiso de hacer una travesura o algo indebido, de equivocarnos! El niño bueno es un niño muy estresado, le estamos exigiendo un imposible: la perfección. Vive con zozobra, asustado de no poder llenar nuestras expectativas. No tiene permiso de divertirse y gozar de la vida; no tiene libertad para ser sólo un niño o joven inexperto que puede fallar. Como mencioné antes, para que el niño se sienta realmente querido necesita sentir que lo aceptamos en su totalidad, con lo bueno y con lo "no tan bueno". Con aquellas partes que encontramos encantadoras, y con las que nos desesperan y molestan. Tiene que darse cuenta de que lo queremos a "él" y no a la imagen idealizada de lo que quisiéramos que fuera.

Quizá después de leer lo anterior, como padres se estén sintiendo algo desanimados. Si cuando eran pequeños sus padres los lastimaban al regañarlos o llamarles la atención, quizás ahora se encuentren haciendo lo mismo con sus propios hijos. Nuestra condición humana nos lleva a repetir lo que hicieron con nosotros. No lo hacemos muchas veces por maldad, pero sí por ignorancia o falta de conciencia. Repetimos por inercia. Pero si empiezan a observar lo que dicen y hacen cuando los regañan, con paciencia y voluntad pueden comenzar a cambiar esos patrones heredados por otros nuevos. Por patrones que tengan implícito el elemento del respeto. De esta manera pueden educarlos sin herirlos. Veamos algunos ejemplos:

Cambiar:

• "Clemente, eres un abusivo, deja a tu hermano en paz. ¿Cuántos años tienes tú, y cuántos él? ¡Eres un aprovechado!"

Por:

☆ "Clemente, deja en paz a tu hermano. ¡No permito que le pegues!"

En el primer ejemplo lastimo su autoestima y lo etiqueto al decirle que es un abusivo y aprovechado, mientras que en el segundo pongo un límite claro, pero no lo hiero.

Cambiar:

• "Deborah, ¡eres una floja y descuidada! No puedo creer que tienes dos horas haciendo esta tarea y no sólo aún no acabas, sino que también está mal hecha".

Por:

☆ "Deborah, tienes mucho tiempo haciendo la tarea y aún no acabas. Tendrás que repetir estas hojas que están mal hechas".

Cambiar:

• ¡Eres un bruto!, ¿porque nunca te fijas?

Por:

☆ Pon más atención. Si tienes más cuidado las cosas te salen mejor.

Como padres, tenemos la obligación de corregir a nuestros hijos. El modo como corregimos puede llevar al niño a crecer seguro, confiado y positivo, o devaluado, resentido y lastimado. Si como adultos aprendemos a corregir de manera respetuosa, el hijo crece con su autoestima intacta, pues sabe que, aunque a veces hace cosas incorrectas y se equivoca, de todas formas es querido y aceptado. Al final del capítulo incluyo un cuadro que resume algunas actitudes que lastiman al niño.

Asegurarle a cada hijo su lugar

- **Reconozco el lugar que tienes en mi corazón**

Cuando vamos a un evento público y no tenemos un asiento numerado, siempre nos preocupamos por llegar lo antes posible para asegurarnos el mejor lugar. Estamos dispuestos a hacer fila por un buen rato, y entrar a empujones con tal de ganarles a los demás el mejor asiento.

Imaginemos que esto es lo que tiene que hacer un niño que no tiene su lugar asegurado en la familia. Que siempre tiene el temor de quedarse atrás y de que sean sus hermanos los favorecidos. Este niño estará dispuesto a criticarlos, acusarlos y traicionarlos con tal de ser el primero. Como el que entra a un teatro atropellando y a pisotones para ganar sitio, este niño se vale de todo con tal de pasar por encima de sus hermanos.

¿Qué sucede cuando sí tenemos un asiento numerado? ¿Cuando está en nuestras manos ese boleto que nos ratifica que ese lugar sólo puede ser nuestro? Entonces podemos relajarnos. Sabemos que es posible llegar a la hora de entrada sin necesidad de correr y desplazar a los demás a codazos. De igual forma, podemos, como padres, confirmarle a cada uno de nuestros hijos su lugar privilegiado en la familia. Cada uno con su espacio reservado en la primera fila, en lugares preferenciales. Entonces el niño se despreocupa y se siente seguro de que nadie puede quitárselo y sus hermanos dejan de ser esos enemigos contra los cuales tiene que pelear. Termina la rivalidad y puede existir la cordialidad.

¿Cómo garantizarle a cada hijo su lugar? Haciéndolo sentir único, distinto y diferente a los demás. Afirmando sus habilidades y cualidades sin compararlo.

> "Mira qué rápido puedo leer, y tú eres lento como una tortuga", le dice Angélica con tono burlón a su hermano Hugo. "Sí", agrega la madre: "Tú eres muy buena para leer pero tu hermano corre muy rápido".

Cuando recuerdo este ejemplo no puedo dejar de pensar: no sabemos a quién le irá mejor en la vida el día de mañana, al que es capaz de correr como el viento o al que es muy bueno para leer. Ignoramos qué les depara el futuro, pero podemos estar convencidos de que si reconocemos los atributos de cada uno sin compararlos, los fortalecemos, para enfrentar este mundo difícil que seguramente pondrá a prueba sus destrezas.

Además de reconocer sus habilidades y cualidades, tenemos que admitir que cada hijo tiene un espacio en nuestros corazones que jamás podrá perder. Explicarles que el amor es ilimitado, y que, por tanto, querer a su hermano no le quita o le resta nada al amor que tenemos por él. Que de la misma manera en que la llama de una sola vela puede encender un número infinito de otras velas, así el amor que les tenemos tiene una capacidad ilimitada para querer a todos.

• **Reconozco el lugar que tienes entre tus hermanos**

> Lucián, de 4 años, se acerca sigilosamente a la cuna de su hermano de 8 meses, y cuando piensa que nadie lo ve, le jala el cabello. El bebé pega un alarido mientras Lucián sale corriendo a esconderse al jardín.
>
> En la noche, cuando su madre lo está metiendo a la cama, Lucián le dice: "Quiero que se muera mi hermano".

El nacimiento de un hijo transforma la dinámica de toda familia, pero a nadie afecta tanto como al hermano que le sigue en edad. Este niño se siente desterrado de su posición privilegiada y no le gusta la idea de tener que compartir el amor de sus padres, que hasta ese momento era sólo para él. Ese nuevo bebé, tierno y que todos encuentran simpático, parece recibir toda la atención, y él ahora se siente relegado.

La transición, mientras Lucián encuentra su "nuevo lugar", es dolorosa y durará de acuerdo con su capacidad para adaptarse, así como de la habilidad de sus padres para manejar la situación. Lucián ha perdido su lugar como hijo "único", pero puede conservar su posición como hijo mayor. Es importante que los padres empatizen con el dolor y el resentimiento que siente hacia su hermano.

En vez de regañarlo y reprimirlo:

"¡Cómo que quieres matar a tu hermano! ¡No digas idioteces! Tu hermano es muy lindo y todos lo queremos mucho. No quiero volver a saber que le pegas, me oyes? Dale un besito".

Podemos decirle:

"Entiendo que quisieras que tu hermano no estuviera aquí. Te sientes enojado. Piensas que no te vamos a querer igual que antes, o que lo queremos más que a tí... Pero no puedo permitir que le pegues".

Si los padres comprenden que esta transición es difícil para él, y además de reconocer sus sentimientos, afirman los privilegios que tiene como hermano mayor, Lucián podrá, poco a poco, empezar a ver con mejores ojos a su hermano.

"Lucián, como tú ya eres un niño grande, me podrás acompañar hoy a hacer algunas cosas en la calle. Tu hermano, en cambio, como aún es muy pequeño, se tendrá que quedar en casa".

"Como tú eres grande, te puedes dormir una hora más tarde que tu hermano y podemos jugar solos a lo que tú escojas".

"¡Qué suerte tienes, Lucián! Como ya eres mayor, puedes ir con papá a pasear".

Si crecimos en una familia numerosa, quizá podamos recordar haber tenido de niños alguna vez la fantasía de desear ser hijos únicos, para gozar de la exclusividad de la atención y mimos de nuestros padres. Pero con el paso de los años, podemos apreciar cuántos regalos hemos recibido de la convivencia con nuestros hermanos. Ese intercambio diario de momentos agradables, en otros, conflictivo, nos ha permitido y, en algunos casos, empujado a crecer como personas.

El lugar que ocupa cada uno de nuestros hijos les ofrece una experiencia única. No es lo mismo ser el mayor, que el menor o el de en medio. Pero encuentro que la clave para comprender por qué cada hijo puede sentirse cómodo o molesto en una posición determinada, tiene mucha relación con su temperamento. Aunque no existen los temperamentos puros, pues sabemos que todos tenemos de los cuatro aunque en distintas proporciones, podemos apreciar cómo se siente cada hijo de acuerdo con el temperamento predominante:

- El niño de temperamento *colérico* se sentirá muy bien como el hijo mayor de la familia. Como tiene habilidades naturales para ser líder, gozará del privilegio de mandar y dirigir a sus hermanos, que de manera natural reconocerán su autoridad. Aprovechará las ventajas de ser el mayor y con orgullo se hará cargo de las responsabilidades que esto implica.

  Sin embargo, estaría muy incómodo si le hubiera tocado ser el de enmedio, o el más pequeño. Se sentiría oprimido y estaría constantemente compitiendo y retando a sus hermanos mayores. Le molestaría mucho que lo mandaran y se rebelaría. Si tiene hermanos menores podría ser que desquitara su frustración con ellos.

- El niño *sanguíneo* es el más adaptable, ligero y sociable de todos, pero no será muy hábil cargando con las responsabilidades del mayor, pues tiende a ser despreocupado, distraído y muy inquieto. Por tanto, estará más a gusto en medio o siendo el más pequeño. Tendrá muy buena relación con todos los hermanos, y sabrá cómo tratarlos para sacar provecho de la relación con cada uno de ellos.

- El niño *melancólico* sufrirá mucho en el lugar del mayor. Es sensible, quejumbroso, introvertido y delicado, y responsabilizarse de sus hermanos menores le parecerá una carga excesiva. Estará constantemente preocupado de no poder hacerlo bien, y se culpará de cualquier desventura que ocurra.

  En cambio, en medio se sentirá seguro y resguardado tanto por los mayores como por los menores. Pero donde más disfrutará será siendo el más pequeño, pues podrá regocijarse con toda la atención que recibe tanto de sus hermanos mayores como de sus padres. Su aspecto frágil tendrá a los padres siem-

206 ~ EDUCACIÓN CONSCIENTE: CULTIVAR SU AUTOESTIMA Y DISCIPLINAR CON AMOR

pre pendientes de cuidarlo y sucumbirán fácilmente en sobreprotegerlo.

- El niño *flemático* es tranquilo, callado y ordenado. Será complaciente con sus hermanos y preferirá darles por su lado a pelear o discutir. Cuando no está de acuerdo simplemente calla
o les sigue la corriente, para después hacer lo que él quiere.
Como el mayor será muy paciente con sus hermanos, pero
tendrá dificultad para dirigirlos y hacer que lo obedezcan. Se
sentirá presionado aunque no lo demuestre. En medio estará a
sus anchas, pues ahí podrá pasar inadvertido al mismo tiempo
que sentirá el apoyo de los hermanos que lo rodean.

¿Qué pasa con el *hijo único*? Antiguamente éste era un caso raro,
pero podemos apreciar que cada vez es más frecuente. El hijo
único se enfrenta a una situación especial en donde pueden acen-
tuarse varios problemas, si los padres no tienen cuidado.

En primer lugar cargará con todas sus expectativas. En el caso distinto de una familia numerosa, cuando el primer hijo no
cubre sus expectativas, se pueden sentir muy frustrados, pero
siempre les queda la esperanza de que lo harán los demás hijos.
Pero cuando sólo tienen uno, los padres podrán verlo como su
única oportunidad para ver sus sueños realizados. Este joven, entonces, sentirá toda la carga de sus exigencias.

Por otro lado, toda la atención que normalmente se comparte entre los hermanos estará concentrada en su persona. Los
padres pueden fácilmente caer en la tentación de verlo "con lupa".

> Gina regresa de una fiesta a medianoche y se encuentra a su ma-
> dre sentada en la sala esperándola. "¿Cómo te fue, hija? ¿Te di-
> vertiste? ¿Estuvo animada? ¿Fue Rafael el muchacho que te gus-
> ta?", pregunta muy interesada la madre. La hija, con cara de
> fastidio, le da un beso en la mejilla. Se dirige a su cuarto y, entre
> bostezos, alcanza a murmurar: "Estoy cansada, mañana te pla-
> tico".

Gina es hija única y la madre, que no trabaja, intenta vivir a través de ella. Está siempre pendiente de lo que hace y quiere seguir

participando en su vida como lo hacía cuando era pequeña. Pero Gina, como adolescente, necesita su propio espacio y se siente agobiada ante su constante intromisión. Esta separación, necesaria en todo adolescente, puede ser sumamente dolorosa para toda madre que no tenga intereses propios.

Existe también la tentación de sobreproteger al hijo único, pues los padres estarán siempre pendientes de él y tratarán de hacerle todo.

A la entrada del colegio le comenta un padre a otro: "Qué bárbaro, Ismael, qué maqueta tan bella le hiciste a tu hijo. Seguramente ganará el primer premio. Se nota que es tu único hijo y te puedes dar el lujo de hacerle todo. Pero hay que reconocer que te quedó increíble". El padre, que además de la maqueta, sostiene también la mochila, la chamarra y pelota del hijo, observa con orgullo cómo juega en el patio.

Ismael y su esposa cuidan con verdadero esmero a su hijo, que es el centro de su familia. Todo gira alrededor de él. Sólo tiene que pedir para recibir. Los padres aman y gozan a su hijo, pero lo están "echando a perder". Este niño saldrá al mundo pensando que todos deberán tratarlo de igual manera, pero cuando no sea así, se sentirá confundido y defraudado. Este niño, cuando se convierta en joven, no estará preparado para enfrentar la vida solo.

"Maestra, quiero hablar de Celia mi hija. Se queja mucho en casa de que no tiene amigas. ¿Es esto cierto?" La maestra jala a la madre a un lado y trata con mucho tacto de explicarle: "Me temo que sí. Las niñas se quejan de que siempre tienen que jugar a lo que ella quiere, si no se enoja. Creo que como hija única está acostumbrada a que siempre se haga lo que ella desea y eso en la escuela le trae problemas con sus compañeras".

Los hijos únicos pueden tener problemas de relación, pues tratan de hacer la transferencia de lo que ocurre en casa a la escuela y se sienten frustrados cuando no les funciona. Se quejarán de que la maestra no los quiere o nunca les hace caso, cuando la realidad es que no pueden, porque no saben, compartir la atención con otros niños. Y es de esperarse si en casa todo es para ellos.

También debemos darnos cuenta de que este niño está creciendo entre adultos; si los padres no hacen el esfuerzo de rodearlo constantemente de otros niños, podrá sentirse muy solo.

Podemos concluir: aunque no nos es posible cambiar el lugar que ocupa cada uno de nuestros hijos en la familia (como ilustra el siguiente chiste), si podemos interpretar cómo se sienten, tendremos una clave más que nos ayude a comprender su comportamiento.

> Clara tenía ya diez hijos cuando la vecina la ve nuevamente embarazada. "¿Cómo? ¿Otra vez esperando bebé?", le pregunta sorprendida. "Sí, es que no quiero que se me eche a perder el chiquito".

Cuando veamos frustrado a alguno de nuestros hijos por el lugar que le tocó entre sus hermanos, podemos empatizar con él pero recordando:

Las casualidades no existen, creamos la realidad que más nos conviene para crecer. La vida nos coloca en el lugar ideal para aprender lo que necesitamos aprender.

• Reconozco tu lugar de hijo

Asegurarle su lugar al niño o joven también quiere decir que reconozco el sitio que ocupa en la familia. Es decir, que él tiene, en este sistema familiar, un espacio como hijo, no como amigo, confidente o compañero de los padres. Nada puede hacerlo sentirse más inseguro que pensar que tiene que tomar una posición que no le corresponde.

> "Me voy de viaje, hijo, y como el hombrecito de la casa que eres, cuidas a tu madre y a tus hermanas", le dice su padre a Ramón de ocho años.

Me pregunto qué puede sentir Ramón si a sus 8 años debe proteger a su madre que es una adulta, y a sus hermanas que son mayores que él. El padre lo está colocando en su lugar como jefe de la familia, y esto seguramente, aunque no lo diga, le asusta. ¿Qué puede hacer un niño de esa edad para defender a su familia? Nada. Ponemos una responsabilidad de adulto en manos de un niño.

> Griselda está divorciada y se está recuperando de una depresión. Su hija de 15 años le lleva un té a la cama. La madre con voz temblorosa le dice: "Alison, no sé qué hacer. Desde el martes que discutí con Emilio no me ha llamado. Tengo miedo de que esté nuevamente saliendo con Liliana. ¿Qué piensas, lo llamo?"

Los papeles se han invertido. Alison carga con los problemas amorosos de la madre, que no sabe cómo enfrentar la vida. A sus 15 años es la confidente que debe aconsejarle qué hacer con su amante.

Cuando las parejas se separan, frecuentemente tienen la necesidad de apoyarse en los hijos. Se sienten solos y a veces les parece más fácil desahogarse con ellos que buscar amigos que los consuelen. Al fin y al cabo los hijos ahí están, por amor y lealtad aceptarán cargar sus problemas. Estas demandas que les imponen los padres, además de abrumarlos, los obligan a crecer y madurar antes de tiempo. Al sentir los hijos la vulnerabilidad de sus padres, ven claramente amenazado su futuro, pues se preguntan: "¿Qué será de nosotros si algo les pasa a ellos?"

> "Yo abro, mamá", grita Juliana desde su recámara cuando oye el timbre de la puerta, pues sabe que es su amigo Oscar que viene por ella para ir al cine. Pero su madre se adelanta; cuando Juliana llega a la entrada, ella ya está platicando animadamente con el muchacho, que turbado con su vestimenta provocativa y sus modales coquetos, no se atreve a levantar la vista. "Vámonos", le dice Juliana mientras lo jala del brazo.
>
> En la noche la madre le pregunta: "¿Por qué nunca quieres traer a tus amigos a la casa?"

En este ejemplo la madre de Juliana se ubica, en vez de madre, como la amiga de su hija adolescente. Está compitiendo con ella.

Quiere seguir comprobando que aún es joven, guapa y pone en una situación muy incómoda a la hija, que se siente en clara desventaja. Juliana se avergüenza del comportamiento de su madre y le tiene resentimiento, pero no se atreve a expresarle sus sentimientos.

Cuando los padres se ubican como compañeros de los hijos porque quieren seguir siendo adolescentes, los abandonan en esta etapa en que necesitan de su guía para lograr esta difícil transición a la adultez. Les niegan la posibilidad de tener, como ejemplo, a un adulto en toda la extensión de la palabra. En vez de eso, sólo cuentan con un adolescente envejecido.

Cuando no respetamos el lugar que le corresponde a los hijos, creamos un "desorden" en el sistema familiar que afecta a todos sus miembros. Les recomiendo entrar en contacto con el trabajo de Bert Hellinger de *Constelaciones familiares,* que nos muestra de manera muy clara las repercusiones que resultan cuando los hijos pasan a ocupar un espacio que no les toca. Vemos cómo el hijo, por lealtad y de manera inconsciente, los complace y se sacrifica por ellos, pero el precio que paga es muy alto.

Afirmaciones para padres que quieren recuperar su lugar

☆ *Reconozco tu lugar de hijo y asumo respetuosamente mi autoridad de padre/madre.*

☆ *Yo soy el adulto maduro y con juicio en esta situación.*

☆ *Yo soy el grande, tú eres el pequeño.*

No tener favoritos

Tener un favorito entre nuestros hijos nos garantiza que habrá resentimiento, rivalidad y envidias entre ellos. Arruinamos sus relaciones y terminamos lastimando, aunque de diferente manera, a ambos, tanto al privilegiado como a los demás hermanos.

Por un lado, al favorito lo hacemos pensar que merece más que otros y siempre está pendiente de que todos le concedan esa distinción. Crece con la idea de que necesita estar por encima de otros para saber que cuenta; si no, se siente desposeído e infeliz. Se cree especial, pero en un sentido negativo; especial significa para él "mejor qué", lo cual lo vuelve muy competitivo. No sabe compartir y es muy envidioso, pues su seguridad se basa en tener más que los demás. Aunque cuenta con el apoyo y preferencia de los padres, muchas veces se encuentra solo, apartado de los hermanos que le guardan resentimiento. Una vez que faltan los padres, es evidente la falta de relación entre ellos.

Por otro lado, los que son relegados miran con envidia al consentido. Quisieran estar en su lugar y no comprenden el porqué de estas diferencias. Sienten enojo contra la vida por no haberlos favorecido con la belleza, simpatía o inteligencia del hermano. Se esmeran por ganarse la aprobación de los padres, están dispuestos, a veces, a hacer verdaderos sacrificios con tal de recibir el amor que los padres dan al favorito.

> Edith entra al comedor y con voz melosa le dice a su padre: "Te compré las galletas que te gustan, papi. ¿Te gusta mi vestido nuevo?" El padre sigue leyendo, interesado, el periódico y sin levantar la vista sólo alcanza a murmurar: "Mmhh…" En eso escuchan a su hermana Viviana que baja las escaleras. El padre deja el periódico y con franca sonrisa exclama: "Miren quién llegó ¡el sol!" Edith baja la vista y con un nudo en la garganta se retira a su cuarto.

Este padre hacía marcadas diferencias entre sus dos hijas. Viviana era la "reina" y su hermana no contaba. No me sorprendió saber que cuando Edith llegó a la adolescencia, se volvió alcohólica y drogadicta. Se ha casado dos veces y siempre ha tenido dificultad para conservar un trabajo estable que le permita mantener a sus dos hijos. Heridas de la infancia que terminaron afectando sus relaciones y por consiguiente su vida entera.

El favoritismo del padre le dio el mensaje: "No eres suficientemente buena para mí. Por tanto, no mereces, ni cuentas". Edith creció pensando que el pan de la vida era para su hermana y que a ella sólo le correspondían las migajas. La vida, que está obligada a corresponder a nuestro sentido de merecimiento, le dio lo que pensaba que se merecía: migajas. La vida no puede darnos más de lo que pensamos que merecemos. Nos engañamos cuando decimos que somos víctimas de una realidad que nos limita: somos nosotros mismos, con nuestras creencias, los que nos restringimos, los que nos creamos una realidad reducida y contraída, cuando podríamos tener una realidad plena y abundante.

Cuando favorecemos a un hijo por encima de los demás afectamos y dañamos la dinámica completa de la familia. Las envidias y la competitividad que esta situación provoca, crean fisuras y grietas que terminan por romper las relaciones entre hermanos y padres.

"¿Por qué a mi hermana Lisa nunca la regañas? ¡Sólo a mí, siempre a mí! ¡A ella la quieres más!", grita Zulema enojada. Cuando la madre intenta contestarle, Zulema le da la espalda y se encierra en su recámara.

Una hora más tarde cuando la madre ve que Zulema está más tranquila entra a su cuarto y se sienta en la cama. "Sabes, hija, tú eres muy importante para mí, y te quiero muchísimo. No puedo imaginarme esta casa sin ti. No sabes lo que te extrañé la semana que te fuiste de campamento. Pero es cierto que tú y yo parece que estamos siempre en un ring, constantemente peleando. Sólo necesitamos decir algo para que las dos nos encendamos. Pero ¿sabes por qué? Yo creo porque nos parecemos mucho, ninguna de las dos quiere jamás dar su brazo a torcer. Las dos siempre queremos tener la razón. A mí me pasaba lo mismo con tu abuelo. Tu hermana, en cambio, es muy callada y tranquila, por eso nunca discuto con ella. Pero eso en ningún momento quiere decir que la quiero más, simplemente chocamos menos. Te repito, te quiero muchísimo".

Es absurdo pensar que con todos nuestros hijos podemos tener la misma relación, pues todos son de distintos temperamentos. Esto quiere decir que, con unos, podemos llevar una relación que parece fluir sin mayores contratiempos, mientras que con otros tenemos constantes confrontaciones. Es importante recordar que de la fricción de estos conflictos puede surgir el calor, el fuego, que si lo sabemos aprovechar, nos puede transformar y llevar a un nivel más elevado de conciencia. Las relaciones que consideramos "difíciles" son aquellas que pueden ser un reflejo de lo que nos negamos en un momento dado a ver en nosotros mismos. Aquellos rasgos que sabemos son parte de nuestra personalidad, pero nos resistimos a aceptarlos.

> "¡Este chamaco es tan necio! Cuántas veces le he dicho que no va a estudiar arquitectura. Que se va a hacer cargo del negocio y ¡punto!"

Me pregunto, ¿quién es más necio, el hijo o el padre?

El que constantemente disputemos con alguno de nuestros hijos no quiere decir que, por ello, no pueda tener un lugar en nuestros corazones. A todos podemos quererlos, aunque nuestra relación sea más ligera con unos que con otros. Cuando conocemos y trabajamos nuestro temperamento, podemos comprender por qué con algunas personas constantemente tenemos fricciones y con otras la relación es más llevadera. Compartir esta información con nuestros hijos, cuando son adolescentes, puede ayudar a mejorar la relación. Pero cuando hacemos esto, el punto de partida debe ser siempre nuestra intención de que como padres trabajemos nuestras deficiencias y nuestras dificultades, en lugar de señalar en el hijo las suyas. Cuando nosotros cambiamos, las relaciones con los demás automáticamente se transforman. Es como mover una pieza en un rompecabezas que termina alterando el resultado total.

Las siguientes afirmaciones los pueden ayudar a dejar de comparar a sus hijos y a verlos como los seres únicos que son.

Afirmaciones para padres que comparan

☆ *Valoro los talentos, dones y fortalezas de mis hijos y apoyo incondicionalmente las decisiones que tomen para desarrollarlos.*

☆ *Reconozco y aprecio las cualidades que tiene cada uno de mis hijos.*

☆ *Honro los destinos de mis hijos y agradezco los regalos que traen a mi vida.*

Actitudes que lastiman al niño

Cuando los padres	A través de	Mensaje al niño	El niño siente	Resultados	Ayudas positivas
Tienen expectativas cerradas	Querer que el hijo sea como ellos desean "Quiero que seas: deportista, intelectual, tranquilo, sociable, etcétera" Tratar de moldearlo a su antojo Querer cambiar su temperamento	"Tienes que realizar mis sueños" "Te quiero y acepto sólo si eres como yo espero"	"No puedo ser yo mismo" "Para que me quieran tengo que sacrificar mis deseos o anhelos" "Soy una decepción para mis padres"	Vergüenza Resentimiento Rebeldía Culpa Inadecuación Depresión	Tener expectativas abiertas, no ver al hijo como nuestra extensión Respetar su individualidad Permitir que encuentre su propio camino Tenerle confianza y aceptar sus errores Amar incondicionalmente
Sobreprotegen	Hacer por el niño lo que él puede hacer por sí mismo Resolver sus problemas	"Tú no eres capaz" "Soy indispensable, tú no puedes solo" "Eres un inútil" "El mundo es muy peligroso"	"Soy un inútil" "No puedo solo" "Tengo miedo" "Soy débil"	Codependencia Inutilidad Debilidad Inseguridad Miedo Victimismo Flojera Cobardía	Capacitar Fomentar independencia Ayudar para que pueda solo Trabajar el miedo a la separación No meternos en lo que no nos importa

Cuando los padres	A través de	Mensaje al niño	El niño saliente	Resultados	Ayudas positivas
Comparan	"Eres mejor que..." "Eres peor que..."	"Sólo vales en relación con otros" "No tienes un valor propio" "Tienes que ser el mejor para que te quiera"	Que necesita medirse constantemente con los demás para saber su valor Que necesita competir Que depende del reconocimiento de otros	Si gana se siente mejor que los demás, si pierde fracasado Insatisfacción constante, envidia celos, traición y presunción Fricciones en las relaciones	Eliminar comparaciones Valorar diferencias Asegurar su lugar en la familia No tener favoritos Perder indica falta de habilidad y no fracaso
Humillan	Etiquetar: "Eres un abusivo, grosero, distraído, cochino" Burlas, "choteos" Comentarios sarcásticos Ridiculizar Insultos Críticas en público	"Así eres y nunca vas a cambiar" "No tienes remedio" "Tengo derecho a volcar mi enojo sobre ti"	"No sirvo" "Yo estoy mal" "Soy desesperante" "Me lo merezco"	Vergüenza Desaliento Impotencia Resentimiento Miedo Odio Retraimiento Defensividad Victimismo	Calmarme antes de corregir Corregir en privado Corregir la acción y no tocar a la persona Empatizar, ponerme en sus zapatos Tener paciencia Aceptar los errores como medios de aprendizaje

Conclusión

Educar a los hijos es un proceso complejo. Tener buenas intenciones no es suficiente para convertirnos en guías y acompañarlos en su crecimiento. Hace algunas décadas los padres contaban, para educar, con tres apoyos incondicionales: la comunidad, su instinto materno/paterno y el sentido común. Pero estos apoyos nos han soltado la mano; en su lugar ahora tenemos que desarrollar de manera consciente, el conocimiento con comprensión, la autoevaluación y el valor. Veamos qué significan:

Conocimiento con comprensión

Tener conocimiento con comprensión significa adentrarnos en las distintas etapas de crecimiento del niño y del adolescente, para entender el proceso de maduración por el que están pasando. Informarnos, estudiar y observar para compenetrarnos de su mundo y darnos cuenta de que viven en un estado de conciencia diferente al nuestro; por ello sus prioridades, intereses y preocupaciones nada tienen que ver con los nuestros. Comprender cómo, poco a poco, el niño que se convierte en joven, va consolidando su individualidad y se transforma en adulto.

Autoevaluación

Es necesaria para aprender a discernir entre mis deseos personales, que bien pueden estar teñidos de resentimiento, egoísmo, miedo o culpa, y lo que más conviene a nuestros hijos. Para autoevaluarnos necesitamos desarrollar al observador interno, esa parte dentro de nosotros que todo lo ve, con absoluta imparcialidad y objetividad. Cuando yo tomo en cuenta al observador interno, entonces puedo evaluar la situación para saber qué rumbo tomar. Ver con honestidad el porqué de mis decisiones y asumir con responsabilidad las consecuencias.

Cuando nos acostumbramos a estar constantemente autoevaluándonos, aprendemos a distinguir entre nuestras necesidades emocionales y las de nuestros hijos. Como una cámara que, poco a poco, enfoca su lente, nos empezamos a dar cuenta de manera muy clara cuándo nuestras intenciones no son respetuosas: cuando manipulamos, intimidamos, humillamos y devaluamos. Cuando olvidamos que ellos son los hijos y nosotros los padres. Cuando olvidamos que no están aquí para complacernos, embellecer nuestra imagen o cumplir nuestros sueños, si no para que los guiemos con un profundo respeto hacia su individualidad y su destino.

Valor

Aunque tengamos conocimiento con comprensión, y estemos constantemente autoevaluándonos, nos hace falta un elemento adicional: el valor. Para animarnos a llevar la delantera cuando sabemos la responsabilidad que implica preparar a nuestros hijos para enfrentar el mundo que les estamos legando, definitivamente se necesita tener valor. Valor para mostrarnos imperfectos. Valor para guiar cuando no tenemos todas las respuestas. Valor para atrever a equivocarnos. Valor para hacer caso omiso del consenso, del "qué dirán". Valor para sobreponernos al miedo cuando nos quiere paralizar. Valor para ignorar la culpa y hacer lo que es mejor para el hijo. Valor para encontrar y hablar nuestra verdad.

Estos tres elementos tienen que formar parte del educador que busca guiar de manera consciente. Que quiere mejorar a través de la relación con sus hijos o alumnos. Que aprecia la diaria convivencia como una oportunidad para enriquecerse y tratar de crecer mental y espiritualmente como persona.

Como les advertí en la introducción, no les he presentado, en realidad, nada nuevo. Todo lo que aquí menciono, seguramente ya lo sabían. Estoy, quizá, solamente diciéndolo de manera diferente con la esperanza de que sea recordado. Para así ayudarlos a desechar lo absurdo, lo que lastima, lo que contrae y, en cambio, puedan como padres reconocer y mostrar sus partes más elevadas. Para que de esta forma puedan corresponder al amor del niño.

Porque el niño es más generoso con su amor que el adulto. Este niño ama a sus padres siempre. Aunque lo humillen, aunque lo maltraten, aunque lo lastimen. Él continuará queriéndolos por encima de todo. Tiene tal sentido de lealtad, que aunque hayan abusado de él, si lo separan para vivir con otros adultos que le den mejor trato, seguirá prefiriendo a sus padres. El niño regala su amor, lo ofrece desde lo más profundo de su ser, sin condiciones.

Correspondamos a ese amor haciendo nuestro mayor esfuerzo por crecer en conciencia.

Compendio de afirmaciones

- **Para todos los padres**

  ☆ Comparto con mis hijos la alegría de vivir.

  ☆ Elijo despertar en conciencia para mejor educar a mi hijo.

  ☆ Me amo y me apruebo. De igual manera amo y apruebo a mis hijos.

  ☆ A través de mi ejemplo, inspiro a mi hijo para esforzarse y crecer.

  ☆ Reconozco con amor los logros de mi hijo y lo aliento para seguir esforzándose.

  ☆ Elijo con conciencia el mayor y más elevado bien para mi hijo.

  ☆ Yo asumo la responsabilidad de crear la realidad que deseo para mí y mi familia.

- **Para padres que quieren recuperar su espacio**

  ☆ Yo tengo derecho a mi espacio. Como adulto que soy, tomo las decisiones necesarias para procurármelo.

  ☆ Yo merezco descansar y recuperarme para ser al día siguiente un padre amoroso.

  ☆ Cuando yo le procuro su espacio a mi hijo, le permito desarrollar su independencia e individualidad.

- **Para padres con miedo a perder el amor de sus hijos**

  ☆ Soy humano y me puedo equivocar; aun así, el amor jamás me será retirado.

  ☆ Merezco y tengo todo el amor que deseo.

- **Para padres que tienen dificultad para poner límites**

  ☆ Yo pongo límites a mi hijo de manera respetuosa cuando lo considero necesario.

  ☆ Tomo con valor la responsabilidad de ponerle límites a mi hijo.

- **Para padres sobreprotectores**

  ☆ Yo aliento a mi hijo para caminar por la vida y lo ayudo a crecer seguro e independiente.
  ☆ Comprendo que mi hijo se puede equivocar. Permito y perdono sus errores, que sólo son medios de aprendizaje.
  ☆ Confío en la vida y confío en la capacidad de mi hijo para aprender y madurar.
  ☆ Me sobrepongo a mis miedos para permitirle crecer con libertad.
  ☆ Celebro la libertad de mi hijo para avanzar en la vida.

- **Para padres que abandonan**

  ☆ Con amor y gratitud acepto mi responsabilidad como madre/padre de mi hijo (nombre).
  ☆ Agradezco el privilegio de educar a mi hijo.
  ☆ Comprendo que mi hijo, como ser en desarrollo, necesita de mi guía y protección.
  ☆ Elijo cuidar y educar a mi hijo con alegría, paciencia y compasión.
  ☆ Con orgullo y amor asumo el papel de padre de mi hijo y disfruto de todas sus etapas de desarrollo.
  ☆ Acompaño y guío amorosamente a mi hijo en todas las etapas de su desarrollo.

- **Para padres temerosos y/o enojados**

  ☆ Mi miedo y enojo no le pertenecen a mi hijo. Sólo yo soy responsable de mis emociones.
  ☆ Elijo reconocer, analizar y responsabilizarme de mis emociones.
  ☆ Me sobrepongo a mi miedo para guiar a mi hijo con confianza.
  ☆ Doy a mi hijo el espacio que necesita para crecer.
  ☆ Soy paciente con mi hijo.
  ☆ Pongo límites y enseño a mi hijo de manera amorosa.

- **Para padres con expectativas limitadas**

  ☆ Reconozco a mi hijo como un ser independiente de mí. Honro su individualidad y su destino.
  ☆ Dejo a mi hijo en libertad para que busque su camino. Honro su ser y celebro sus logros.

☆ Yo elijo educar a mi hijo respetando su individualidad y su destino.

- **Para padres que comparan**

  ☆ Valoro los talentos, dones y fortalezas de mis hijos; apoyo incondicionalmente las decisiones que tomen para desarrollarlos.

  ☆ Reconozco y aprecio las cualidades que tiene cada uno de mis hijos.

  ☆ Honro los destinos de mis hijos y agradezco los regalos que traen a mi vida.

- **Para padres con prisa**

  ☆ Me detengo para alimentar con atención el alma de mi hijo.

  ☆ Me tomo tiempo para disfrutar y gozar de mis hijos.

  ☆ Suelto mi prisa para apreciar las bondades de la relación con mis hijos.

- **Para padres inseguros**

  ☆ Me relajo y confío en mi sabiduría interna para guiar a mis hijos.

  ☆ Confío en mis habilidades para guiar respetuosamente a mi hijo.

  ☆ Confío en mi habilidad de contactar y satisfacer las necesidades de mi hijo.

  ☆ Confío en el proceso de la vida.

- **Para padres permisivos**

  ☆ Tomo con orgullo y aplomo mi lugar de padre/madre.

  ☆ Tomo las decisiones que me corresponden para guiar amorosamente a mi hijo.

  ☆ Tengo la sabiduría y la fuerza para poder educar a mi hijo.

- **Para padres perfeccionistas**

  ☆ Permito y perdono mis errores. Soy amable y gentil conmigo mismo.

  ☆ Amo ser flexible y tolerante conmigo mismo y con los demás.

- **Para padres controladores**

  ☆ Me permito fluir en el río de la vida.
  ☆ Suelto el control y confío en los procesos naturales de la vida.
  ☆ Amo ser flexible y fluyo con la vida.
  ☆ Confío en la vida y confío en la capacidad de mi hijo para aprender y madurar.

- **Para padres que quieren recuperar su autoridad**

  ☆ Asumo mi autoridad con respeto y dignidad.
  ☆ Elijo recuperar mi sentido de autoridad a través de tomar decisiones conscientes.

- **Para padres que quieren fortalecer su voluntad**

  ☆ Elijo fortalecer mi voluntad tomando decisiones conscientes.
  ☆ Hago a un lado mi miedo para guiar a mi hijo con confianza y decisión.

- **Para padres que quieren recuperar su lugar**

  ☆ Reconozco tu lugar de hijo y asumo respetuosamente mi autoridad de padre/madre.
  ☆ Yo soy el adulto maduro y con juicio en esta situación.
  ☆ Yo soy el grande, tú eres el pequeño.

- **Para maestros**

  ☆ Reconozco la importancia y responsabilidad de mi trabajo como maestro.
  ☆ Asumo mi trabajo de maestro con dignidad, responsabilidad y entusiasmo.
  ☆ Como maestro tengo dignidad y merezco ser respetado.
  ☆ Con mi ejemplo soy una inspiración para mis alumnos.
  ☆ Elijo educar a mis alumnos con profundo respeto.

Bibliografía

Armstrong, Thomas, *Inteligencias múltiples en el salón de clases*, Asociación para la supervisión y desarrollo de programas de estudio, Alexandria, Virginia, 1995.

Baldwin Dancy, Rahima, *You are Your Child's First Teacher*, Celestial Arts, Berkeley, 1989.

Bennett, Steve y Ruth, *Kick the TV Habit*, Penguin Books, E.U.A., 1994.

Biddulph, Steve, *El secreto del niño feliz*, EDAF, Madrid, 2000.

—— *Más secretos del niño feliz*, EDAF, Madrid, 2000.

—— *Raising Boys*, Celestial Arts, Berkeley, 1998.

—— *Manhood*, Finch Publishing Company, Sydney, 1995.

Curwin, Richard L. y Allen N. Mendler, *Disciplina con dignidad*, ITESO, México, 2003.

Dreikurs, R. y V. Soltz, *Children: The Challenge*, Naawthorn, Nueva York, 1961.

—— *The Challenge of Parenthood*, Penguin Group, Nueva York, 1992.

Elium, Don y Jeanne, *Raising a Son*, Celestial Arts, Berkeley, 1996.

—— *Raising a Daughter*, Celestial Arts, Berkeley, 1992.

Elkind, David, *The Hurried Child*, Addison Wesley, E.U.A., 1988.

—— *All Grown Up and No Place to Go, Teenagers in Crisis*, Addison Wesley, E.U.A., 1984.

Gardner, Howard, *Multiple Intelligences: The Theory in Practice*, Nueva York, Basic Books, 1961.

Gerber, Magda, *The RIE Manual*, Magda Gerber Editor, Los Angeles, Ca., 2000.

—— *Dear Parent, Caring for Infants with respect*, Resources for Infant Educarers, Los Angeles, Ca., 1998.

—— y Allison Johnson, *Your Self-Confident Baby*, John Wiley and Sons Inc., E.U.A., 1998.

Goleman, Daniel, *La inteligencia emocional*, Javier Vergara Editor, México, 1995.

Gonzalez-Mena, Janet y Dianne Widmeyer Eyer, *Infants, Toddlers, and Caregivers*, Mayfield Publishing Co., Mountain View, Ca., 1989.

Gurian, Michael, *The Wonder of Boys*, Tarcher/ Putnam, Nueva York, 1997.

Hay, Louise L., *Tú puedes sanar tu vida*, Editorial Diana, México, 1992.

—— *El mundo te está esperando*, Ediciones Urano, México, 1997.

Healy, Jane M., *Endangered Minds*, Touchstone Books, Nueva York, 1990.
—— *Your Child's Growing Mind*, Doubleday, Nueva York, 1987.
Hellinger, Bert, *Órdenes del amor*, Editorial Herder, Barcelona, 2002.
—— *El centro se distingue por su levedad*, Editorial Herder, Barcelona, 2002.
Köhler, Henning, M.D., *Working with Anxious, Nervous, and Depressed Children*, Association of Waldorf Schools of North America, Fair Oaks, Ca., 2000.
Martínez Zarandona, Irene, *¿Quién decide lo que ven tus niños?*, Editorial Pax México, México, 2002.
Nelsen, Jane, *Disciplina con amor*, Planeta Colombiana Editorial, Colombia, 1998.
—— Cheryl Erwin y Roslyn Duffy, *Positive Discipline, The First Three Years*, Prima Publishing, E.U.A., 1998.
—— y Lynn Lott, *Positive Discipline for Teenagers*, Prima Publishing, E.U.A., 1994.
Pittman, Frank, *Man Enough*, The Berkley Publishing Book, Nueva York, 1993.
Pollack, William, *Real Boys*, Henry Holt and Company, Nueva York, 1998.
Solter, Aletha J., *Mi niño lo entiende todo*, Ediciones Medici, Barcelona, 2002.
—— *Llantos y rabietas*, Ediciones Medici, Barcelona, 2002.
Winn, Marie, *The Plug-in Drug*, Penguin Books, E.U.A., 1985.

Para obtener información sobre los talleres
que imparte la autora consulte o escriba a:
rosa@rosabarocio.com
www.rosabarocio.com

Esta obra se terminó de imprimir
en junio de 2007, en los Talleres de

IREMA, S.A. de C.V.
Oculistas No. 43, Col. Sifón
09400, Iztapalapa, D.F.